北京文博

文 丛

二〇一九年第三辑

北京市文物局 编

北京燕山出版社
BEIJING YANSHAN PRESS

图书在版编目（CIP）数据

北京文博文丛. 2019. 第3辑 / 祁庆国主编. --

北京 : 北京燕山出版社, 2020.3

ISBN 978-7-5402-5677-7

Ⅰ.①北… Ⅱ.①祁… Ⅲ.①文物工作 – 北京 – 丛刊
②博物馆 – 工作 – 北京 – 丛刊 Ⅳ.①G269.271-55

中国版本图书馆CIP数据核字(2019)第298921号

北京文博文丛·2019·第3辑

出版发行：北京燕山出版社有限公司

社　　址：北京市丰台区东铁营苇子坑路138号　　100079

责任编辑：朱　菁　　任　臻

版式设计：肖　晓

印　　刷：北京画中画印刷有限公司

开　　本：787mm×1092mm　1/16

印　　张：8

字　　数：181千字

版　　次：2020年3月第1版

印　　次：2020年3月第1次印刷

ISBN 978-7-5402-5677-7

定　　价：48.00元

北京文博

2019年第3辑（总97期）

主办单位：北京市文物局

编辑出版：《北京文博》编辑部

北京燕山出版社

网址：http://www.bjmuseumnet.org

邮箱：bjwb1995@126.com

目录 | Contents ||||||||||||||||||||||||||||||||||||||||||||||||||||||||||||||||||||||||||||||||||||||||||||||||||||||||||

声明

主 编：祁庆国

执行主编：韩建识

编辑部主任：高智伟

本辑编辑：韩建识　　陈 倩
　　　　　高智伟　　康乃瑶　　侯海洋

Beijing Cultural Relics and Museums

No. 3, 2019

Organizer: Beijing Municipal Administration

Bureau of Cultural Heritage

Edited and Published by the Editorial Department

of Beijing Wen Bo, Beijing Yanshan Press

URL:http://www.bjmuseumnet.org

E-mail: bjwb1995@126.com

目录 | Contents ||||||||||||||||||||||||||||||||||||||||||||||||||||||||||||||||||||||||||||||||

山顶洞人遗址石制品再研究

卫　奇

　　山顶洞人遗址是周口店遗址群中的一处重要的旧石器遗址。山顶洞人与"北京人"和"河套人"及其文化作为中国旧石器时代早、中和晚期以及猿人、"古人"和"新人"的三部曲曾经多年活跃在中国"史前"考古舞台。山顶洞人的石制品虽然发现不多，但文化性质显露中国乃至东亚的特色，其考古意义是显而易见的。

一、概况

　　山顶洞人遗址位于北京市周口店龙骨山北坡较为高处，在"北京人"遗址上方，地理坐标为39°41′17″N，115°55′30″E（图一）。

　　1929年12月2日"北京人"第一个完整头盖骨发现，为了确定其遗址堆积物的分布范围，1930年探查"北京人"遗址的南界时发现了山顶洞人遗址，编为周口店第26地点。如今看到的山顶洞洞口是现代开凿的，其真正的洞口在东面较高处。

　　1933年5月20日至7月25日和10月15日至12月19日进行了发掘，第二年春天对下窨做了清理[①]。

　　山顶洞堆积层大约17m厚，分"上室""下室"和"下窨"（图二）。

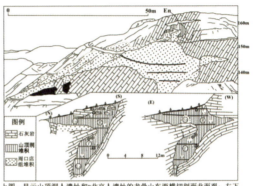

上图：显示山顶洞人遗址和北京人遗址的龙骨山东西横切剖面北面观；左下图：山顶洞北南向横切剖面图；右下图：山顶洞东西向横切剖面图；En:洞口；R：上室；r：下室；Lr：下窨；L1-5：文化层；a:骨针；b:人头骨；c:穿孔贝壳

图二　山顶洞人遗址地貌与地层结构图（依据裴文中[①]）

　　地层结构（从上往下）[②]：

　　第1层（顶层），位于洞口附近地面3m之上，厚30cm，出土几件人骨、1件钻孔兽牙和2件燧石修理品。

　　第2层，属于"上室"，位于其地面之上1m，细分为一些薄层，出土几件人骨和28件钻孔的狐或獾的牙齿。

　　第3层，位于"上室"的底部，呈黑色，薄层（达60cm），文化遗物稀少，但有人类占据的明显痕迹：钟乳石地面及其石灰岩被烧过。

　　第4层，属于"下室"，位于其地面3m之上。

　　第5层，恰好位于周口店组形成的面上。

　　其地层剖面，第4层和第5层较厚，出土几枚单个人牙、许多钻孔的骨牙制品和1件燧石石片。靠近底部，出土3个完整的人头骨和另外一大批人骨。这里可能是一个埋葬地，其后被食肉类动物扰乱过。第5层之下为"下窨"，既无人类遗骸，

图一　山顶洞人遗址位置及其近景

又无文化遗物，但发现了大量哺乳动物化石，其中包括一些比较完整的骨架。

文化层属于洞穴堆积，其溶洞大体保留。出土人的完整头骨3个、头骨残片3件、下颌骨4件、下颌残片3件、零散牙齿数十枚，还有一些脊椎骨和肢骨。曾经报道出土石制品25件，其中包括燧石和火石刮削器和石片等5件，砾石砍砸器2件，石英石核或砍砸器、砸击石片和多面体石片、刮削器和尖状器或双边刮削器等8件，其他石制品10件，还有一些未做统计的石英断块或岩块与砾石。此外，还出土了骨针和具有人工打击痕迹的骨片以及磨制的鹿角和鹿下颌骨，还有许多石头与骨牙等制作的装饰品和赤铁矿染色石[④⑤⑥⑦⑧]。

发现的哺乳动物化石包括46个种类，有麝鼹（Scaptochirus moschatus）、刺猬未定种（Erinaceus sp.）、菊头蝠（Rhinolophus ferrum-equinus）、鼠耳蝠未定种（Myotis sp.）、伏翼蝠未定种（Pipistrollus sp.）、欧洲野兔（Lepus europaeus）、达呼尔鼠兔（Ochotona daurica）、松鼠未定种（Sciurus sp.）、沟齿鼯鼠（Petaurista sulcatus）、变异仓鼠（Cricetulus varians）、灰仓鼠相似种（C. cf. griseus）、林姬鼠（Apodemus sylyaticus）、黑家鼠（Rattus rattus）、子午沙鼠（Merionesmeridianus）、上头田鼠（Microtus epiratticeps）、斯氏高山䶄鼠相似种（Alticola cf. stracheyi）、阿曼鼢鼠（Myospalax armandi）、无颈鬃豪猪参考种（Hystrix cf. subcristata）、狼（Canis lupus）、貉（Nyctereutes procyonoides）、沙狐（Vulpes corsac）、普通狐（V. vulgaris）、豺（Cyonalpinus）、窄齿熊（Ursus angustidens）、洞熊（U. spelaeus）、獾（Meles meles）、艾鼬（Mustala eversmanni）、香鼬相似

种（M. cf. altaica）、果子狸（Paguma larvata）、最后斑鬣狗（Crocuta ultima）、虎（Panthera tigris）、豹（P. pardus）、猞猁（Lynx lynx）、猫（Felis catus）、小野猫相似种（F. cf. catus）、似鬃猎豹相似种（Acinonyx cf. jubatus）、真象未定种（Elephas sp.）、野驴（Equus hemionus）、披毛犀（Coelodonta antiquitatis）、猪未定种（Sus sp.）、东北麅（Capreolus manchuricus）、马鹿（Cervus elaphus）、华北梅花鹿（C. Nippon mandarinus）、普氏羚羊（Procapra picticaudata przewalskii）、绵羊未定种（Ovis sp.）、牛未定种（Bos sp.）[⑨]。此外还有鸟类51种[⑩]。

[14]C测年提供的数值，上部为10470±360年，下部为18340±410年[⑪]。最新[14]C测年数值从上（第1层）到下（底层）是33541—35123年至33551—46564年，最大峰值出现在第2层为49968年[⑫]。

二、石制品观测

山顶洞出土的石制品，目前能够观察到的只有25件，其中包括3件模型（标本在1941年随同"北京人"头盖骨以及山顶洞人化石一起失落）。有22件在标本馆收藏，3件展览在中国古动物馆。

25件石制品中，具有明确标识的13件，显示出土于1933年，分别在发掘工作日的第42、66、69、70、79、80、83、88、93（2件）、85、103、116天，也就是说，有4件发现于5月13日至7月25日之间，其他9件是在10月15日至12月19日之间出土的。

石制品有石核、石片和修理品，其中石核包括Ⅰ1型和Ⅰ3型、Ⅱ1型、Ⅱ2型和Ⅲ型；石片包括Ⅰ1—2型、Ⅰ2—2型和Ⅰ2—3型，还有Ⅱ2—3型、Ⅱ1—2型和Ⅱ3型；修理品包括Ⅰ1—1型、Ⅰ2—2型、Ⅱ1—1型（附表一）。

附表一　标本分类及数量统计一览表

类型			数量		%
石核	Ⅰ型（单台面）	Ⅰ1型（单片疤）	1	7	28.00
		Ⅰ2型（双片疤）	2		
		Ⅰ3型（多片疤）	1		
	Ⅱ型（双台面）	Ⅱ1型（双片疤）	1	3	
		Ⅱ2型（多片疤）	2		
	Ⅲ型（多台面，多片疤）		2		
石片	Ⅰ型（完整石片）	Ⅰ1型（自然台面） Ⅰ1-1型（自然背面）		3	11	44.00
		Ⅰ1-2型（自然/人工背面）	3		
		Ⅰ1-3型（人工背面）			
		Ⅰ2型（人工台面） Ⅰ2-1型（自然背面）		6	
		Ⅰ2-2型（自然/人工背面）	1		
		Ⅰ2-3型（人工背面）	5		
	Ⅱ型（非完整石片）	Ⅱ1型（裂片） Ⅱ1-1型（左边）	1		
		Ⅱ1-2型（右边）	1		
		Ⅱ2型（断片） Ⅱ2-1型（近端）			
		Ⅱ2-2型（中部）			
		Ⅱ2-3型（远端）			
	Ⅱ3型（无法归类石片）		1		
	Ⅱ4型（碎屑，包括较微小的完整石片）				
修理品	Ⅰ型（精制品：修理规整的有一定造型器物）	Ⅰ1型（原型为石片） Ⅰ1-1型（向背面单向加工）	5	5	7	28.00
		Ⅰ1-2型（向破裂面单向加工）			
		Ⅰ1-3型（双向加工）			
		Ⅰ2型（原型为石核、断块和砾石） Ⅰ2-1型（单向加工）			
		Ⅰ2-2型（双向加工）			
	Ⅱ型（粗制品：略加修理无一定造型器物）	Ⅱ1型（原型为石片） Ⅱ1-1型（向背面单向加工）	2	5	
		Ⅱ1-2型（向破裂面单向加工）			
		Ⅱ1-3型（双向加工）			
		Ⅱ2型（原型为石核、断块和砾石） Ⅱ2-1型（单向加工）			
		Ⅱ2-2型（双向加工）			
	断块（具有非打片或修饰的人工痕迹的石块）				
总计				25	100.00

岩性　25件标本，石英20件，占其80%；石英砂岩和安山岩各1件，分别占其4%；燧石（依据资料）3件，占其12%。

重量　25件标本，总重4332.6克（其中有3件模型按照比重推算重量），平均每件173.3克，最轻的是RP39145Ⅰ2-3型石片2.3克。最重的是RP39104Ⅱ2型石核2216克，有72%在50克以下。

磨蚀　除了3件模型，22件石制品，磨蚀[13]全部为Ⅰ级，几乎均不见磨蚀痕迹。

风化　除了3件模型，22件石制品，Ⅱ级的20件，占其90.91%；Ⅳ级的和Ⅴ级[14]的各1件，分别各占其4.55%。

大小　25件石制品，小型的15件、中型的9件、大型的[15]1件，分别各占其总数的60.0%、36.0%和4.0%（图三）。

形态　25件石制品包括宽薄型的18件、宽厚型的5件、窄薄型的和窄厚型[16]的各1件，分别各占其总数的72%、20%、4%和4%（图四）。

石核　7件（图五），包括Ⅰ1型1件、Ⅰ3型1件、Ⅱ1型1件、Ⅱ2型2件、Ⅲ

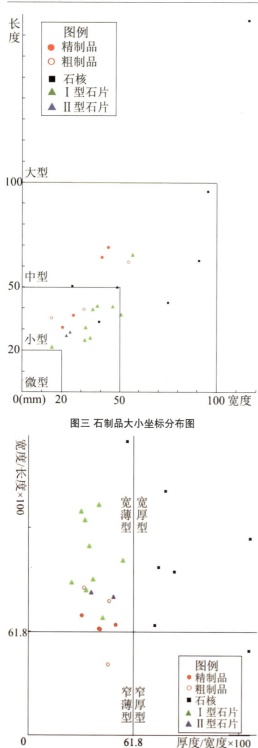

图三 石制品大小坐标分布图

图四 石制品形态坐标分布图

型2件（附表二）。其中双台面和多台面石核与多片疤石核占多数，可见剥片成功率为58.62%。

图五 石核

RP39104和RP39129的岩性分别为安山岩和砂岩，其他均为石英。磨蚀均为Ⅰ级，风化Ⅱ级的5件、Ⅳ级和Ⅴ级的各1件。标本属于中型的4件、小型的2件、大型的1件；宽厚型的5件、宽薄型和窄厚型的各1件。裴文中和张森水曾经记述过砸击石核，但在本文观测的石核中却未见典型的砸击制品，根据其标本质量大小判断，中小型石核似乎只能采用砸击法剥片。

C-4-1标本为Ⅲ型石核，裴文中开始鉴定为脉石英器具[⑰]，后来订正为石英石核或砍砸器[⑱]，张森水定名为石英单端刃砍砸器[⑲]。目前，这件标本由张森水设计作为石核在中国古动物馆展示是稳妥的。

石片 11件（图六），包括Ⅰ1-2型的3件、Ⅰ2-2型的1件、Ⅰ2-3型的5件、Ⅱ1-2型的1件、Ⅱ3型的1件；其岩性除了RP39103标本报道为燧石外，其他全部为石英；除了RP39103标本为模型外其他标本的磨蚀和风化程度均分别为Ⅰ级和Ⅱ级；大小：10件为小型，1件为中型；形态：全部为宽薄型；重量：平均为20.1克，最重的是RP39103Ⅰ2-3型石片，约81克（依据模型比重推算），最轻的是RP39145Ⅰ2-3型石片，2.3克；完整石片的平面状台面背缘基本为尖突部分，反映剥片选择打击点的思维结构相当稳定。RP39103Ⅰ2-3型石片的台面属于扇面形，这是在石核台面同一部位连续推

附表二 石核观测表

类型	编号	长×宽×厚(mm)	台面角	剥片技术	片疤数/有效片疤数	重量(克)
Ⅰ1型	RP39138	50.5×25.5×33	79°	砸击	1/0	44.2
Ⅰ3型	RP39130	62×91.1×73.4	84°	锤击	3/2	420.8
Ⅱ1型	RP39137	33.5×39.2×50.9	66°	砸击	1+1/1+0	44.8
Ⅱ2型	RP39104	177×116×86	74°	锤击	8+3/3+3	2216
Ⅱ2型	RP39129	95.7×95.6×73.2	81°	锤击	2+2/2+0	923.4
Ⅲ型	RP39135	42.8×74.9×43.5	64°	锤击/砸击	2+4+2+1/2+1+1+0	147.1
Ⅲ型	C-4-1	49.8×48.6×41.7	80°	锤击	2+2+2/2+1+0	127.0

注: 观测定位: 按照主作业面（剥片疤多且成功率高）观, 上下距为长度、左右为宽度和前后为厚度。

附表三 石片观测表

类型	编号	长×宽×厚(mm)	台面形状	台面角	背面类型	重(克)
Ⅰ1-2片	RP39133	36.9×50.8×20.9	平坦面正扇形	109°	Ⅰ2	35.9
Ⅰ1-2片	RP39136	30.9×32.2×17.9	平坦面倒△	124°	Ⅰ2	12.1
Ⅰ1-2片	RP39140	24.8×31.8×10.5	粗糙面菱形	123°	Ⅰ2Ⅳ1	8.9
Ⅰ2-2片	RP39131	40.8×46.1×16.4	平坦面倒△	100°	Ⅰ4Ⅲ1	27.9
Ⅰ2-3片	RP39103	65.4×56.7×19.1	平坦面扇面形	107°	Ⅰ6Ⅲ1	81（?）
Ⅰ2-3片	RP39132	39.4×35.9×9	刃状	–	Ⅰ3Ⅲ2	14
Ⅰ2-3片	RP39139	41.1×38.3×14.4	平坦面倒△	113°	Ⅰ2Ⅱ1Ⅲ2	20.7
Ⅰ2-3片	RP39141	25.9×34.6×10.6	平坦面倒扇形	112°	Ⅰ3	7
Ⅰ2-3片	RP39145	21.7×15.2×6.6	平坦面正扇形	117°	Ⅰ2Ⅱ1	2.3
Ⅱ1-2片	RP39142	28.5×24.3×8.9	–	–	–	5.1
Ⅱ3片	RP39134	27×22.3×11.1	–	–	–	6.5

注: 观测定位: 依石片背面观, 台面为上, 尾端为下, 左侧为左, 右侧为右; 上下距为长, 左右距为宽, 前后距为厚。

进剥片的产品, 形制与Levallois石片相似, 但其逻辑表现应该属于形象思维甚至直观动作思维, 这样的标本在泥河湾盆地的早更新世就有表现; 可见的台面角分布在100°—124°之间; 完整石片背面, 单向双片疤的2件、单向多片疤的1件、双向多片疤的5件、多向多片疤的1件（附表三）。

修理品 7件（图七）, 包括精制品4件（其中RP34100和RP34102为模型）和粗制品3件（附表四）。标本岩性5件为石英, 2件为燧石, 可见磨蚀和风化程度分别均为Ⅰ级和Ⅱ级。制品以小型和宽薄型为主, 式样不定型, 刃缘均为直凸凹齿及其组合, 其原型均为石片且向背面修理。重量平均每件26.8克, 最重的是C-4-2精制品, 约61.5克, 最轻的是RP39146粗制品, 只有4克。这些修理品, 均可作为边刃器看待, 按照老前辈的研究传统也可以称之为直凸凹齿及其组合的刮削器。

C-4-2标本, 是山顶洞人遗址目前保

图六 石片（背面观）

附表四 修理品观测表

类型	编号	原型	长×宽×厚(mm)	刃缘(测量单位：mm)					重(克)
				长	形态	修理方式	修疤数	刃角	
精制品	RP39100	Ⅰ2-3片	64.2×40.6×17	71	凸凹	单向背	18	46°	36（？）
精制品	RP39102	Ⅰ2-3片	36.5×26.1×8.1	30	凸齿	单向背	7	47°	11（？）
精制品	RP39143	Ⅱ3片	30.9×20.4×10.4	17	直	单向背	7	72°	7.2
精制品	C-4-2	Ⅰ2-3片	68.9×43.8×18.0	63	直	单向背	11	63°	61.5
粗制品	RP39110	Ⅰ2-3片	39.4×31.5×14.8	20	凹	单向背	4	71°	18.9
粗制品	RP39144	Ⅰ2-2片	35.4×14.9×6.9	15	凹	单向背	4	66°	4
粗制品	C-4-4	Ⅰ2-2片	61.9×54.5×17.6	23	凸	单向背	4	57°	49.1

存最为精良的一件修理品，修理边在尾端，呈直刃或横刃状，略微显凹带齿。裴文中称其为脉石英器[20]物或石英边刮器[21]，张森水称错向修理的两边刃刮削器[22]。该标本在原型石片左右两侧上方各有一个向破裂面的人工疤，作为修理疤显得较大，作为石片疤又显得较小，其行为不好确认，暂时不把它们作为修理边刃看待。标本现在展示在中国古动物馆。

C-4-4标本，修理边在原型石片的右侧（背面观）下部，呈微凸刃状，只有一个修理疤较为显著，如果这件标本看作为石片，那么该疤可以论为踩踏所为，另外3个修理疤与石片背面片疤也实在难以区分。这件标本在中国古动物馆展柜里是作为石片看待的，它的原型是Ⅰ2-2型石片，具有人工台面和绝大部分人工背面。

RP34100标本，已经与"北京人"头盖骨一同在1941年失落，从其模型观察，这也是山顶洞人遗址修理品中绝佳

精制品，可以称作为凸凹刃刮削器，原型为Ⅰ2-3型石片，单向背面修理，刃缘呈S形，即呈凸凹形，长71mm，最小刃角46°，可见修理疤18个，最大修理疤的长和宽分别为12mm和15mm。该标本裴文中鉴定为燧石凹刃刮削器[23]，张森水称单刃刮削器[24]，其定名都有道理，而且彼此概念大体重合，更何况，器物或工具的界定，沿袭老前辈开创的传统，它究竟做什么用，有关的解释只有来自判断或推断。

RP39102标本（模型），在石片尾端可见向背面的7个修理疤，刃缘长30mm，呈凸齿状。裴文中鉴定为燧石雕刻器（graver或burin）或端刮器（end scraper）[25]，张森水确认为端刮器[26]，本文将它归于修理品之精制品，按照传统观念似可称之为凸齿状刮削器，因为它作为雕刻器尚缺乏其修理特征，作为端刮器看待也不是绝对不可以，但与其典型类型相比，差距较为明显。

山顶洞人遗址的修理品，不论与中更新世"北京人"遗址的比，还是与早更新世黑土沟遗址和东谷坨遗址的以及晚更新世的许家窑-侯家窑遗址和神泉寺遗址的相比，看起来异曲同工，它们的基本特征是相似的，编入泥河湾文化（Nihewanian Culture）[27]体系应该是最好的选择。

三、几点认识

1. 山顶洞人遗址，出土的石制品不算很多，但基本类型的修理品、石核和石片

图七 修理品

均有，而且修理品有的制作相当精良。

在中文语境里，修理品与器物或工具以及第二步加工的石制品属于属种关系，前者较后者外延广内涵浅，而后者较前者却外延窄而内涵深。再说，工具或器物的界定往往是现代考古学家们强加于古人的。

2. 山顶洞人遗址的石制品组合显示泥河湾文化（Nihewanian Culture）性质。修理品以小型和宽薄型为主，而且不定型，其原型为石片且以向背面修理；石片中的完整石片几乎均为小型和宽薄型，多为I2-3型石片，而且背面双向与多向的多片疤的石片占多数；石核以中型为主，多为宽厚型，其剥片技术主要为锤击法，可能辅以砸击法，双台面与多台面者和多片疤者较多。

3. 山顶洞人遗址，按照地貌类型划分，属于洞穴遗址，尽管洞口部分文化层可能有露天堆积的成分。依据人类行为分析，山顶洞人遗址的性质比较复杂，不过，裴文中的原始报告已经作了明确划分：人类活动场所"上室"、人类埋葬地"下室"和动物葬坑"下窨"。

山顶洞人遗址的"下室"和"下窨"呈袋状或裂隙状，从环境考古视角看，显然不适宜人类活动。在"下窨"只出土大量动物化石，尚未有人类遗迹发现，这正是客观事实的反映，至于其动物的死亡可以通过埋藏学做出较为合理的解释。"下室"，作为人类有意识的埋葬地，长期以来在学术界已经取得共识，但是从发现的人骨有大量缺失来看，明显还有举证的不足。倘若缺失的人骨在地层中已经腐烂，那么其化石埋藏环境不大可能支持这一设想；如果是食肉动物啃食过，则遗骨上不可能不保留其咬痕；当时人类是否有特别的人类尸体处理行为或原始宗教活动，不能不令人产生更多的遐思。无疑，遗物脱离第一埋藏现场欲揭露其真相难度很大，只有一种判断造成的冤假错案风险是不言而喻的。

4. 山顶洞人遗址"上室"虽然是人类活动场所，但文化层较薄，而且分布有限，张森水指出"人类每次占据这个洞穴时间不长，但可能有几次"，"动物也曾周期性地成为这个洞穴的主人，曾发生过人兽争穴事件，让人无法长住安定地生活下来"[28]。如果根据有关资料的线索，剥离其文化层人与动物的交替，这是一项很有意义的研究课题。

5. C-4-1标本，裴文中在1934年报道为脉石英器物，1939年订正为石英石核或砍砸器，后来，张森水将它作为石核展示在中国古动物馆，但在2004年发表文章称其为石英单端刃砍砸器。不难看出，旧石器定名缺少科学程式，人为的随机性几乎无度，诚然，剥片疤和修理疤确实有的跟着感觉走，而且感觉往往随着时间而发生变化。本文按照TOTH石制品动态分类划分将其确认为III型石核，因为它具有3个剥片台面，至少有3个剥片作业面，最后的可见剥片疤6个，其中成功的剥片疤可见3个。

通过对山顶洞人石制品的研究，不难看出中国旧石器研究方法的变革。1934年和1939年，石制品的分类多用岩性限定，例如，燧石凹刃刮削器、燧石雕刻器或端刮器、脉石英工具、石英边刮器、石英石核或砍砸器、石英尖状器、燧石石片、石英两极石片，还有以原型和其他限定的，例如，砾石工具和破裂燧石工具[29][30]。2004年，按照剥片技术限定石核与石片，例如锤击石核与锤击石片、砸击石核与砸击石片，还有按照刃缘数量、形态、部位划分修理品，例如，单边直刃刮削器、单端刃刮削器、两边刃刮削器[31]。本文记述的石制品是按照TOTH石制品动态系统分类的（附表一），石核以台面和剥片疤划分，石片以台面和背面类型划分，所谓第二步加工以及一步加工到位的器物或工具统称为修理品，按照其修理疤痕的分布特征分为精制品和粗制品，并且进一步依据原型和修理方式区分，至于大小、形态、刃缘的形态和数量与长度等或列表或图示记述。石制品的大小以人手掌作参照物、形态借助于美学的黄金分割率分类，分类中奉行的思想方法是三四五，三是单、双、多（单向、双向、多向和单片疤、双片疤、多片疤）；四是形态的宽薄、宽厚、窄薄和窄厚；五是大小聚类：微、小、中、大和巨，磨蚀与风化聚类：轻微、较轻、中等、较重和严重。笔者认为，原始人类的意识是比较简单的，整个旧石器时代的人类由于近亲繁殖，弱智群体占据统治地位，少量聪明人的延续才是人类演化的主流，但其旧石器文化的创造性也不见得就能与当今儿童相比。

石制品类型的编制，最大的突出的顽疾是有悖于逻辑划分准则，就是在同一划分层面采用双重标准和多重标准，这是旧石器时代考古的世界性问题，周口店旧石器的研究也不例外。

6. 本文对于石制品的前身称之为原型，不用"毛坯"界定，它们属于包含和被包含的属种关系，其概念前者外延广而内涵浅，后者外延窄而内涵深。在中文语境中毛坯的含义特指加工的半成品，石制品中有的原型就是自然石块，显然，自然石块被作为毛坯看待在考古学的概念上尚需明确界定。"块状毛坯"②的术语定名值得商榷，从词性来说，这是一个定中词组，是语法功能相当于体词的偏正结构词组，其"块状"是形容词，修饰主词"毛坯"名词，其间可以镶嵌"的"字，但是，这里的形容词不好用比较或最来限定，所以这个词组结构在考古语言里进行概念界定也是很有必要的，尽管"块状毛坯"在旧石器考古报告中出现的频率较低。

7. 山顶洞人遗址出土141件钻孔的兽牙等制品，作为装饰品的解释显然是很难非议的，尤其是大多数发现在"下室"L4的102号女性头骨旁。山顶洞人丰富的装饰品不禁引发两个思考问题：（1）钻孔必须有钻具，很可能是当地硬度较大的石英质石钻，但在山顶洞人遗址里未见其发现，表明装饰品的生产"车间"可能在另外的地方。（2）为什么会有装饰品出现？无疑与女人爱美的天性有关，是谁能满足女人的需求，其中必有学问。人类演化不仅赋予男人高大健壮体魄和美髯，还有能够讨好女人的灵活脑瓜和能说会道的甜言蜜语，男人制作装饰品作为爱的礼物，既可以送给自己的母亲和女儿，也可以送给自己心仪的情人。由此推测，较早时期旧石器遗址出土的小型精致的修理品，与其说是生产工具，还不如说是如同戒指的爱情信物或人类繁衍的激情引信。

8. 山顶洞人的物质文化中，骨针特别引人瞩目，而且圈内外均予以定论，并且演绎衣服制作、艺术绘画和雕塑，按照现代人的道德观念遮蔽隐私。其实，这仅仅是一种解释，尚且缺少排他性论证。衣服可能起源于幼儿护身遮风雨避寒冷以及预防虫叮蚊咬，不论当时成年人身体是否有毛，这从一些动物的习性可以得以佐证，它的开创显然不可能与装饰和遮羞相提并论，今人的审美观强加于古人与科学相悖。骨针一定是缝衣服的？缝衣服则针不离线，其线如何制作？再说，骨针的针眼部分破损，是制作时的断裂还是使用时的损坏，无不需要模拟实验论证。兽皮无疑是人类最早利用的护身保暖物，它的发明与母爱势必有关。

山顶洞人遗址的骨针被发现在第1层，并同时出土人骨和穿孔兽牙1件与燧石制品2件，显然，与下层出土的人类头骨及其石制品进行时间分割是很有必要的，因为它们彼此之间是有时间隔离的。

据报道，山顶洞人遗址出土了"有刻纹的鹿角制品"，这是一种判断，但其图示尚不显刻纹的人类意识，纵然鹿角上有划痕，未必就一定是人类所为，所以，在论证不充分的情况下，把它看作"有划痕的鹿角"化石较为稳妥。

9. 裴文中报道山顶洞人遗址"未见细石器工业"，只记述5件修理品，现在能看到的只有其中的2件（RP39100和39102）"接近Magdalenian"，"比河套南类似Aurignacian的萨拉乌苏河和水洞沟年轻"。在旧石器时代晚期，可能有两种人类同时存在，一种掌握细石器制作技术的人群，还有一种在传统的窠臼中墨守成规的人群，这种现象在泥河湾盆地表现十分突出[33]。由此是否可以判断，山顶洞人如果生存到了细石器出现时期，那么他们是属于守旧的或文化滞后的人类。

10. 山顶洞人遗址的遗存品种较多，其中蕴藏的考古信息量相当大，这是旧石器时代考古前辈留下的一笔宝贵遗产，未来的科学关注只会多而不会少。在此，不禁联想到中国科学院前领导人张劲夫1965年在北京中关村"四不要"礼堂对研究生高瞻远瞩的讲话，他说，有的学科不要求什么重大发明创造，只要把观察记录做好留给后人分析研究就可以。其言，朴实无华，非常接地气，是真正的科学发展纲领性指令。诚然，旧石器时代考古学就是一门需要长期观察记录的学科，不论是对于人类过去的了解，还是有关学术理论的建树，都需要大量的考古材料的发现支撑，而且是永无止境，其研究只有更好，没有最好，因此，不论谁，也不论在什么时候，做学问不仅要在无疑处有疑，而且要勇于在科学面前承认自己的无知。

四、余论

山顶洞人遗址出土1件钻孔扁平砾石，当属石制品，正品已经失落，依据图示测定，它的长、宽和厚分别大约为40.6mm、30.2mm和12.3mm，中间有一孔，系从两面钻而成，孔的外径为9.5mm，内径为2.2mm。推测其石钻的钻头尖长度可能大于9mm，尖角大约为60°。这件制品是做什么用的？是什么人制作的？无疑会有种种推测。笔者猜想，它是玩具，很可能是一位母亲为孩子制作的，因为母爱不仅具有保护孩子的强大应急本能，而且还有

抚育孩子的艺术创造才能，但也不排除儿童自娱自乐模仿的制作，因为人类文化的传承和发展首先得益于儿童时期模仿的学习过程。

在过去报道的山顶洞石制品还有可查的4件标本（图八）未能观察到，在周口店博物馆没有展示，如果张森水的记述只是来自文字资料的转述，那它们在1941年与"北京人"头盖骨化石一起失落了，否则，也许混在了其他遗址的标本中，有待将来进一步澄清。

图八之A，裴文中鉴定为断裂的侧边修理的燧石器具（broken flint implement with lateral retouches）[34][35]。张森水鉴定A为端刮器；B为两刃刮削器；C为砸击石核；D为砸击石片[36]。图八之A标本张森水记述中归于锤击石片，他指出："可能是一件典型的长石片（Blade）"，但是其标本长宽指数根据图示测定为85，按照美学黄金分割率判断，该标本应该属于宽型类，不应该为"可能""典型"的长石片，更不应该混淆长石片与石叶（blade）的概念，因为石叶是长石片，但长石片不是石叶，他们是属种关系。

在《北京志·周口店遗址志》中，山顶洞人的石制品统计为25件，且包括了上面记载的4件标本，表明其实际数量不止

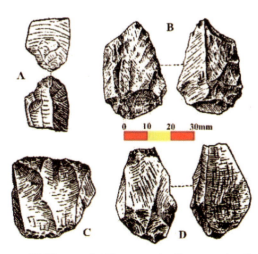

A：刮削器；B：砍砸器；C：砸击石核；D：砸击石片
图八　未能观测的标本

25件。过去，旧石器考古研究报告，对石制品通常是有选择性记述，仅仅是宣布其发现，但发现些什么，人为地、主观地、片面地做些貌似科学的展现，有许多重要的考古资讯在文献里残缺不全，甚至无影无踪，因此，有目的的进一步研究就不得不对过去发现的材料重新做全面观测。

附记：作此文纪念"北京人"第一个完整头盖骨发现90周年。研究过程中得到娄玉山、马宁、裴树文、贾真秀、陈哲英、Susan Keates、王原、赵凤霞和冷刘信等的帮助，在此向他（她）们致以衷心感谢！本文有关石制品的观测资料交中国科学院古脊椎动物与古人类研究所标本馆收藏。

① ④ ⑰ ⑳ ㉓ ㉕ ㉙ ㉞ Pei Wenchung: A preliminary report on the late Paleolithic cave of Choikoudien, Bull. Geol. Soc. China, 1934, 13(3):327-350.

② ⑤ ⑱ ㉑ ㉚ ㉟ Pei Wenchung: The Upper Cave industry of Choukoutien, Pal. Sin New Ser. D, No. 9. 1939, Peking.

③ ⑥ 贾兰坡：《山顶洞人》，龙门书局，1951年。

⑦ 吴新智：《周口店山顶洞人化石的研究》，《古脊椎动物与古人类》1961年第3期。

⑧ ⑲ ㉒ ㉔ ㉖ ㉘ ㉛ ㉜ ㊱ 张森水：《周口店遗址志》，北京市地方志编纂委员会：《北京志·世界文化遗产卷》，北京出版社，2004年，第1—468页。

⑨ Pei Wenchung: The Upper Cave fauna of Choukoutien, Pal. Sin. New Ser. C, No. 10, 1940, Peking.

⑩ 侯连海：《周口店更新世鸟类》，《中国科学院古脊椎动物与古人类研究所集刊》第19号，科学出版社，1993年，第165-297页。

⑪ 仇士华、黎兴国：《山顶洞人生活时期动物化石的^{14}C年代测定》，《科学通报》1980年第25卷第4期。

⑫ Li F, Bae GJ, Ramsey GB, et al. Redating the Zhoudian Upper Cave and its regional significance, Journal of Human Evolution, 2018, 121: 170—177.

⑬ ⑭ ⑮ ⑯ 卫奇：《石制品观察格式探讨》，邓涛、王原主编：《第八届中国古脊椎动物学学术年会论文集》。海洋出版社，2001年，第209—218页。

㉗ 卫奇、Susan Keates：《许家窑-侯家窑遗址遗物再研究》，《文物春秋》2019第1期。

㉝ 卫奇、张畅耕、胡平：《泥河湾盆地神泉寺遗址研究》，《文物春秋》2018年第5期。

（作者单位：中国科学院古脊椎动物与古人类研究所）

世界遗产语境下的北京中轴线

郑　军

世界遗产是具有突出普遍价值的遗产。按照《实施世界遗产公约操作指南》（以下简称《操作指南》）的定义，"突出的普遍价值指罕见的、超越了国家界限的、对全人类的现在和未来均具有普遍的重要意义的文化和/或自然价值"[①]。世界遗产的突出普遍价值由三部分组成：价值标准、真实性和完整性、保护和管理，这三个部分作为世界遗产突出普遍价值的支柱相互支撑、缺一不可。

世界遗产共有10条标准，其中1至6条为文化遗产标准，分别是：人类创造精神的杰作、价值交流的典范、传统的见证、技术或类型的代表、土地利用的范例、与名人名事有关[②]。符合其中至少一条标准是列入《世界遗产名录》的前提。要获得申遗的成功，还需要满足真实性和完整性，以及保护和管理的要求[③]。

世界遗产之所以与各个国家的遗产不同，是因为其价值是超越国界的，必须在全世界的背景下讨论。《操作指南》特别指出，"《公约》只是保护那些从国际观点看具有最突出价值的遗产。……不应该认为某项具有国家和/或区域重要性的遗产会自动列入《世界遗产名录》"[④]。

这说明，世界遗产委员会及其官方咨询机构在遴选世界遗产时，与各国评估自己的遗产时关注的角度往往不同。因而，常见一些国家将本国最重要的遗产申报世界遗产时，却得不到国际认可。这类遗产地多为国家和民族的象征，但从国际范围和世界历史的角度看，对世界文化和文明的贡献并不突出。例如，扎达尔古城的罗马城市遗址是克罗地亚文化的发源地，有着3000多年的历史。该国曾于2012、2013和2016年三次申报世界遗产，评估机构三次评估均认为申报项目虽然对克罗地亚意义重大，且具有独特性，但不足以代表遗产地具有世界遗产价值。最终，克罗地亚撤回了该申报项目[⑤]。

2012年，在《世界遗产公约》问世40周年之际，中国政府更新了《中国世界文化遗产预备名录》，北京中轴线榜上有名。目前，北京中轴线正在按照世界遗产的规则体系稳步推进各项申遗工作。

长期以来，对于北京中轴线到底是什么、由什么构成、历史沿革是什么、价值有哪些、如何保护和管理、如何将中轴线的保护与北京老城的保护相结合、如何与北京城市的发展相结合等问题，各方面都有许多研究，并取得了丰富的成果。本文试图在世界遗产框架下分析北京中轴线，探讨其真实性和完整性，以及保护和管理的相关问题。

一、北京中轴线的世界遗产价值

近年来，对北京中轴线及其突出普遍价值有很多研究成果，有学者已对相关成果进行检索和梳理[⑥]，归纳起来主要有以下几个方面：一是城市规划的范例，体现了《周礼·考工记》中匠人营国和营城的城市规划思想，以中轴线为统领规划整个城市，是城市规划和建筑设计的工具，是建筑空间序列的完美组合等。二是"以

图一 北京中轴线——景山北望
（摄影：郑军，2019年）

中为尊""居中不偏""王者居中"等思想，突出的是"中"的意义。三是北京中轴线被视为"国之轴"，强调的是"轴"的作用。四是北京中轴线上的建筑等级高、设计和建造精良，代表了中国官式建筑的最高水平。五是北京中轴线衍生出了皇家文化、祭祀文化、民俗文化和近现代革命文化等，是丰富文化的载体。六是北京中轴线承载着中国传统的礼制思想、"天人合一"的思想，蕴含着"风水"理论。此外，北京中轴线还被比喻成北京的脊梁、灵魂、精神象征等[7]—[14]。这些都是对北京中轴线及其价值的深刻认识（图一）。

按照世界遗产的相关要求，突出普遍价值的评估需要通过比较研究，确定申报项目在世界历史文化时空中的定位，进而论证其对世界文化和文

明的贡献。对于北京中轴线，笔者从世界遗产语境来分析其价值及其对世界文化和文明的贡献。

首先从"轴"的角度看，由于轴对称符合人类审美观念，也是设计的常用工具，因此采用轴线进行城市规划和设计的案例古今中外都能看到。例如，法国巴黎的凡尔赛宫[15]、梵蒂冈的圣保罗教堂和广场[16]（图二）、印度的泰姬陵[17]等世界遗产都是轴线规划和设计的范例。

其次从"中"的角度看，与北京中轴线相似的是1987年列入《世界遗产名录》的巴西首都巴西利亚（图三）。该城是按照一条长约11.5公里的中轴线对称统一规划，并于1956年建设而成的。世界遗产委员会的评语是"巴西利亚城的城市布局常常被形容为'飞翔的鸟'，因为城市的行政管理区域和居民住宅区域布局对称，同时城中的每个建筑物也都是对称的，特别是政府办公楼，体现了极强的创新精神和丰富的想象力"，"是城市规划史上的里程碑"[18]。

再次，从建筑水平看，北京中轴线代

图二 梵蒂冈的圣保罗教堂和广场
（图片来源：世界遗产中心网站 whc.unesco.org/en/documents/109780）

图三 巴西利亚平面图（来源：世界遗产中心网站 http://whc.unesco.org/document/123607）

表了中国官式建筑的最高水平。但世界其他城市，沿轴线的建筑也有许多反映了极高的建筑水平。如法国巴黎的凡尔赛宫和梵蒂冈的圣保罗教堂是欧洲建筑的典范，而印度的泰姬陵则是亚洲建筑的杰作。世界遗产委员会以标准i，即"人类创造精神的杰作"将其列入《世界遗产名录》，评语是"代表了整个印度—伊斯兰陵墓建筑和艺术的最高成就"[19]。

从规划工具和建筑成就的角度看，北京中轴线似乎都不具备突出普遍价值。那么，北京中轴线对世界文明和文化的贡献是什么？要回答这个问题，不仅要阐释中国的文化和文明的特点，也应了解国际社会如何看待中国文化和文明的独特性。

研究中国哲学的著名美国学者德克·布德教授（Derk Bodde）在《中国文化形成中的主导观念》中说："中国文化的精神基础是伦理（特别是儒家伦理），而不是宗教（至少不是正规的、有组织的那一类宗教）。……这一切自然标志出中国文化与其他主要文化的大多数，有根本的重要的不同，后者是寺院、僧侣起主导作用的"[20]。

国际学术界对伦理有许多定义，但基本内容是指在处理人与人、人与自然及人与社会的关系时应遵循的道理和准则。而中国的儒家伦理思想强调的是天人关系和宗法等级制度，也就是人与自然的秩序和人与社会的秩序。

《中华科学文明史》的作者李约瑟在论述中国建筑的精神时写道："没有其他领域能使中国人如此忠实地表达出他们伟大的理念：首先，人类不能视为是独立于自然的；其次，人不能与社会分离。不论是在那些壮观的神庙和宫殿建筑中，还是在那些或如农宅一样分散或如城市一样聚集的民间建筑中，都存在着一种始终如一的秩序感和有关方位、季节、风向和形象的象征意义。"[21]这个观点同样说明国际上所认识的中国文化的特性之一是中国人在处理人与自然、人与人、人与社会之间关系的秩序观。

由此可知，中国人对秩序和关系的尊崇和追求，也就是中国传统的礼制思想，是中国文化对世界文化多元化的贡献之一。

《礼记》说："礼者，天地之序也。"《左传·隐公十一年》："礼，经国家，定社稷，序民人，利后嗣者也。"礼制思想的核心是秩序，是尊卑有序、长幼有别的关系。自《周礼》成书以来，到《仪礼》和最后集大成的《礼记》，礼制规定了人与自然的关系、人与人的关系，奠定了中国两千年的社会秩序和天人之间的秩序。这种秩序感及对秩序的追求反映在社会生活的各个方面。社会管理结构金字塔式的设置、地域上的以中为尊、建筑上的体量和高度规定、传统文化中的长幼尊卑等，都是礼制思想的体现。

北京中轴线是按照礼制思想，通过城市规划手段，规定城市社会秩序的典范。北京中轴线是按照《周礼·考工记》的都城模式规划的，而《周礼·考工记》是"三礼"中《周礼》的一部分，是礼制思想在"营国"和"营城"方面的具体反映。"以中为尊"是礼制的一部分，目的是确立尊卑秩序中的尊位，建立秩序的制高点，从而安排下面的序列。

中国古代宇宙观中，北极为天宫的中心，而紫微垣则是天宫中心的中心，是天帝居住的地方[22]。北京中轴线采用"象天法地"的方法，把天上的秩序投射到地面，将天宫中至高无上的紫微垣对应紫禁城太和殿的位置，使紫禁城处于中轴线的中心，从而确立皇权天授、皇权至上的尊位[23]。这是所有秩序的制高点。太和殿明代称为奉天殿，取《尚书》"惟天惠民，惟辟奉天"之意，表示效法上天，替天行道，施惠于民；嘉靖年间改名为皇极殿，取宋邵雍《皇极系述》中"至大之谓皇，至中之谓极"之意，也是表明皇权的核心与上天北极的紫微垣对应的关系[24]；清代改为太和殿，取《周易》"保合大（太）和乃利贞"之意和朱熹本义："太和，阴阳会合冲和之气也"[25]，表明天地相接之所在。有尊有卑，有长有幼，秩序得以确立。基于这个制高点，北京中轴线进而安排了各个等级和功能的建筑。通过左祖右社，即太庙和社稷坛，以及天坛和先农坛的定位处理好了人与天、人与地、今人与祖先的关系；再通过前朝后市的安排，以及道路、城门、牌楼等标志性和功能性的建构筑物划定不同的区域，在中轴线两侧布置了相应的功能，规定了社会管理和城市生活的秩序。

中轴线沿线的各个建筑承担不同的功能，以传达礼制思想；同时，又是礼制秩序的组成部分。在天坛、先农坛、太庙和社稷坛等礼制场所举行祭天地、祭谷神、祭祖先仪式，不仅是祖法、制度的需要，更具有示范和教化意义，是由上而下的秩序的体现[26]。例如，每年皇帝在先农坛举行的祭拜及"亲耕"活动，不仅是要向上天祈求丰收，同时更是向下起到重视农耕的示范作用[27]。这在中国这个以农为本的国家十分重要。明代，钟鼓楼曾经是国家确定每年年历的机构，代表了一种国家管理的意志；钟鼓楼的报时不仅是便民措施，更是城门开闭等城市管理的手段[28]，也是秩序的体现。

从北京轴线所承载文化的角度看，世界上没有任何一条轴线能够与之相比。北京中轴线所承载的中国传统思想和哲学具有独特性，是其他城市轴线不具备的。

千百年来，礼制思想不仅在中华大地上传承，同时也影响到了周边国家，礼制思想是东方文明的重要组成部分，成为东方文明区别于其他文明的主要标志之一。从北京中轴线对世界文明和文化的贡献上看，它是中国礼制思想在城市规划中最完美的表达，是东方文明中人与人、人与自然之间秩序观的具体体现。

礼制思想在城市规划中的体现不仅在中国，在中国的邻国日本和朝鲜半岛都可见到。例如，日本的平城京和平安京是仿照中国唐长安城规划的[29]；朝鲜半岛的汉城的格局也是按照礼制的左祖右社规划建设的[30]。这个事实也赋予了北京中轴线价值的国际维度。从这个层面看，北京中轴线就具有了国际意义。

笔者注意到，有专家学者将礼制思想和"中""轴"的概念放在同一层面讨论。通过对北京中轴线如何反映礼制思想的分析，笔者认为："中"和"轴"都是礼制思想的具体表象，是服务于秩序建立的手段，其中的"中"用于建立秩序的制高点，而"轴"则是通过建筑序列将秩序

物化的手段；与"中"和"轴"相比，礼制思想位于更高的一个层次。

此外，北京中轴线的价值还体现在，随着现代城市规划向功能主义和现代主义价值观的转变，北京中轴线所反映出的古代礼制思想，特别是通过建筑空间序列的规划来规定、规范和彰显社会秩序和精神追求的做法，显得尤为珍贵。

二、真实性和完整性

世界遗产的真实性是指遗产价值信息来源的真实度和可信度。遗产地的真实性要从外形和设计、材料和实质、用途和功能、传统和技术及管理体系、位置和环境、语言及其他形式的非物质遗产、精神和感觉，以及其他内外因素等八个方面进行衡量[31]。

对于北京中轴线的真实性，需要从历史观的角度看待。北京建成后，中轴线上的建筑在不断发生着变化，如何看待这些变化对真实性的影响？首先，城市是活的，不断发展变化就是其真实性的一部分。其次，北京中轴线的突出普遍价值，也就是它所反映出的礼制思想，没有受到城市发展的影响。在北京城市发展的历程中，中轴线的位置始终没有变，主要功能上的长幼尊卑秩序也没有变。从天安门广场的改造到永定门的复建，从人民大会堂和国家博物馆的建设到前门大街的整治，不仅没有改变中轴线的位置和走向，新建建筑反而尊重了中轴线的存在，因此可以说是北京中轴线突出普遍价值的反映。以前紫禁城是国家的象征，有关国家的典礼在紫禁城举行；现在天安门是国家的象征，国庆、阅兵等重大事件都在天安门广场举行；国旗升旗仪式成为旅游者必看的项目，也成为了国家的象征。从这个角度看，北京中轴线在功能上的真实性保存完好。

但是，关于真实性，也存在一些问

题。例如，前门大街东侧将原来的民居拆除后开发，新建建筑的体量普遍大于西侧的胡同区，使中轴线两侧失去了平衡，对中轴线的价值造成了影响。因此，应该考虑恢复前门大街东侧建筑历史上的肌理和尺度，恢复中轴线两侧的平衡。

此外，对永定门这一复建项目，可将其视为北京中轴线标识性的展示手段，一方面标志着中轴线的南端端点，另一方面展示历史上永定门的位置、规模和构造。笔者并不提倡复建。因为，在众多的标志手段中，复建是成本最高、成功风险最大的一种。北京中轴线自建成以来，许多建筑已经消逝[32]，有些在原位建设了新的建筑，如在中华门的位置建设了毛主席纪念堂；有些则保留了空地，如地安门拆除后原址并未新建任何建筑。从真实性考虑，不应恢复历史上某一阶段的北京中轴线，而应在现有的情况下，更加全面地阐释中轴线的价值，讲好中轴线的故事。随着科技的发展，越来越多的手段可以应用到对中轴线上历史缺失的建筑的展示和阐释上。

世界遗产申报规则中关于完整性的要求主要是对遗产区和缓冲区范围的要求。遗产区的面积要求足够大，能够纳入所有的遗产要素；而缓冲区则是要将威胁遗产价值的因素化解掉[33]，也就是要维持北京中轴线居中的位置，以及其在礼制上的统领地位。

为满足完整性的要求，北京中轴线的遗产区应涵盖所有承载其突出普遍价值的要素。北京中轴线的突出普遍价值是中国礼制思想的反映，是秩序的体现。因此，构成要素不仅要有体现"尊位"的建筑，如宫殿、坛庙等；还要有体现"卑位"的建筑，如民居、商铺等；同时也要有承担城市功能和社会管理功能的建筑，如城门、道路、桥梁和钟鼓楼等。因为有主有次、有尊有卑，才能完整展现中轴线的秩序感，诠释中轴线的礼制内涵。鉴此，除了目前北京市文物局公布的14处建筑和相关要素外[34]，应将地安门外大街两侧临街建筑及烟袋斜街纳入遗产区，以体现"后市"的格局（图四）；同时，也应将前门大街和珠市口大街两侧的一部分民居、商铺和相关建筑纳入北京中轴线的遗产区，作为遗产要素对待。此外，由于天安门广场继紫禁城后成为国家的象征，其左右两侧的人民大会堂和国家博物馆，以及国旗杆，都应成为北京中轴线的构成要素。只有这样，才

图四 北京中轴线的"后市"区——鼓楼南望（摄影：郑军，2019年）

能全面反映出其所承载的突出普遍价值，满足完整性的要求。

三、保护和管理

世界遗产保护和管理的要求是指遗产地具有良好的保护和管理体系，能够保证遗产地的突出普遍价值不受威胁[35]。保护和管理是申遗的重要内容。缔约国有责任向世界遗产委员会证明自己能够保护和管理好遗产地，使突出普遍价值不受威胁。

如何协调城市发展与遗产保护的关系，是世界性的问题，解决得好与坏，反映了城市管理者的远见、历史观和文化修养。北京中轴线的保护和管理相较其他遗产地更加困难，体现在涉及的单位和个人数量多、各方面的权属关系十分复杂。在这种情况下，北京中轴线的保护和管理需要注意三个方面：突出普遍价值的保护、整体性保护及活态保护。

突出普遍价值的保护就是要保护北京中轴线的尊卑秩序，保护它在整个城市中的统领地位。要做到这一点，就不能在中轴线上建设不合规制的建筑，不能在中轴线两侧建设不对称的建筑。两侧的建筑不仅要对称，还要低于中轴线的建筑。对于在中轴线遗产区和缓冲区内新的建设项目的审批，北京市政府相关部门已经开始征求各利益相关方的意见，评估是否对中轴线的价值产生影响。这是值得称道的做法。笔者认为，在批准新建项目时，建议按照世界文化遗产评估机构出台的《世界文化遗产影响评估指南》的要求，编写文化遗产影响评估报告。

整体性保护是要将中轴线的各个单点串联起来，看作是一处遗产地。基于这个定位，通过立法、建立管理机制，以及整体价值的展示和阐释等手段，对其进行保护。北京中轴线的构成十分复杂，有世界遗产单位，也有非文保单位；有中央和部委直管单位和产业，也有居民个人的房产；有对外开放的景点，也有私人住宅。

北京中轴线的保护需要统筹考虑这些遗产构成要素，这就要求建立一个有效的法律保护体系和保护管理机制，对中轴线的整体进行保护。目前，北京市人大常委会正在制定《北京中轴线保护条例》，这是为中轴线量身定制的法律保护框架，十分必要。北京中轴线管理机制的建立则比较难，因为涉及的利益相关者太多。这个管理机制需要由市政府牵头，国家文物行政部门作为专业指导，组成成员需要包括中轴线上所有点的利益相关者代表，通过协商的方式，按照《北京中轴线保护条例》和《北京中轴线管理规划》对其实施保护。同时，对北京中轴线价值的阐释也应整体考虑。目前北京市文物局正在着手建设北京中轴线博物馆，讲述中轴线的价值及它的前世、今生和未来的故事。各个点的展示内容中，不仅应该包含这个点自己的价值，还应该包括这个点对中轴线整体价值的贡献。例如，在讲述北京鼓楼、钟楼的价值时，不仅要讲述其作为全国重点文物保护单位的价值，即我国现存都城中保存最完整的钟鼓楼建筑，是元、明、清京城的报时中心；同时，还应讲述其作为世界遗产的价值，即北京中轴线北端端点的标志性建筑。这样做可以让对中轴线不了解的人在其任意一点都能够了解全貌。

建立一个综合的监测系统，为遗产地的保护和管理决策提供依据，是世界遗产申报的要求，也是保护和管理的工具。需要从现在着手开展北京中轴线的监测工作。监测系统应该按照世界遗产的标准来要求，并在申遗成功后与国家文物局世界文化遗产监测中心的平台相对接。因此，这个监测系统应该按照国家文物局世界文化遗产监测平台的要求来设计。

活态保护就是要承认发展变化是北京中轴线价值的一部分，反对将其冻结起来的做法。只要北京中轴线的发展无损于其突出普遍价值，有利于国计民生，就应该鼓励。

四、结语

北京中轴线始于元代，成形于明清，是在南起永定门、北至钟楼的轴线上，按照礼制思想规划建造而成的建筑序列。这条长达7.8公里的中轴线由宫殿、坛庙、皇家园林、城门、街道、桥梁、广场、纪念性建筑、公共建筑、商铺、民居等多种建构筑物组成，是统领古都北京整体布局的基准线，是北京城的灵魂和脊梁。

北京中轴线是北京皇家文化、坛庙文化、传统商业文化、市井民俗文化和近现代革命文化的载体。

北京中轴线上的宫殿、坛庙、城门等建筑代表了中国官式建筑的最高水平。

从北京中轴线对世界文明和文化的贡献上看，它是中国礼制思想在城市规划中最完美的表达，是东方文明中人与人、人与自然之间秩序观的具体体现。

对北京中轴线及其价值的认识是一个不断丰富的过程。北京中轴线的价值是多方面的。不同的人对北京中轴线的价值认识不同，同一个人在不同时间对北京中轴线价值的认识也是不同的。价值认识虽然各不相同，但没有对错，因为价值认识本身就具有主观性。世界遗产有一套独特的语境，北京中轴线的世界遗产价值必须在世界遗产语境下讨论才有意义。

世界遗产是一个基于价值的遗产保护和管理体系。准备申报世界遗产的北京中轴线的保护，也须按照世界遗产的要求，以价值决定保护和管理的内容、原则、策略、手段，并对保护的有效性进行评估。

---

① 联合国教科文组织世界遗产委员会编著、中国古迹遗址保护协会译：《实施世界遗产公约操作指南》，2017版，第49段。作者按：《操作指南》随着世界遗产事业的发展不断修改，随着内容的不同各个版本的页码也不相同。但该文件在修改过程中保持了段落数的一致性。因此，国际上引用《操作指南》的内容多采用段落数以代替页码。下同。

② 联合国教科文组织世界遗产委员会编著、中国古迹遗址保护协会译：《实施世界遗产公约操作指南》，2017版，第77段。

③ 联合国教科文组织世界遗产委员会编著、中国古迹遗址保护协会译：《实施世界遗产公约操作指南》，2017版，第79—88段。

④ 联合国教科文组织世界遗产委员会编著、中国古迹遗址保护协会译：《实施世界遗产公约操作指南》，2017版，第52段。

⑤ ICOMOS, ICOMOS evaluations of nominations of cultural and mixed properties to the world heritage list, WHC/16/40.COM/INF.8B. PP.199—202.

⑥ 阙维民：《"北京中轴线"项目申遗有悖于世界遗产精神》，《中国历史地理论丛》2018年第4期。

⑦ 梁思成：《北京——都市计划的无比杰作》，《梁思成文集（四）》，中国建筑工业出版社，1986年，第58—59页.

⑧ 张妙弟：《北京中轴线性质的四个定位》，《北京规划建设》2012年第2期。

⑨ 秦红岭：《论北京旧城中轴线的设计特征与文化价值》，《华中建筑》2014年第3期。

⑩ 陈晶：《权力与空间：北京中轴线城市设计思想的嬗变》，《建筑创作》2014年Z1期。

⑪ 刘保山：《北京传统中轴线文化景观保护管理研究》，北京建筑大学2015年硕士学位论文。

⑫ 王岗：《北京中轴线的历史文化内涵与当代政治意义》，《北京联合大学学报（人文社会科学版）》2015年第2期。

⑬ 孔繁峙：《北京中轴线的历史文化意义》，《北京观察》2017年第10期。

⑭ 吕舟：《北京中轴线：世界遗产的价值认知体系》，《北京规划建设》2019年第1期。

⑮ http://whc.unesco.org/en/list/83.

⑯ http://whc.unesco.org/en/list/286.

⑰ http://whc.unesco.org/en/list/252.

⑱ 译自世界遗产中心网站 http://whc.unesco.org/en/list/445.

⑲ 译自世界遗产中心网站 http://whc.unesco.org/en/list/252.

⑳ Derk Boddc, "Dominant Ideas in the Formation of Chinese Culture" Essays on Chinese Civilization, Princeton University Press, 1982, PP. 132-138). https://doi.org/10.1515/9781400853328.132.

㉑ [英]李约瑟原著、[英]柯林·罗南改编、上海交通大学科学史系译：《中华科学文明史》，上海人民出版社，2010年。

㉒ 朱祖希：《象天设都　法天而治——试论北京中轴线的文化渊源》，《北京规划建设》2012年第2期。

㉓ 郑孝燮：《中国古代城市形制"以礼为本"的整体性》，《城乡建设》2004年第1期。

㉔ 王子林：《太和殿的记忆》，《紫禁城》2014年第2期。

㉕ （宋）朱熹：《周易本义》卷一，上海古籍出版社，1987年。

㉖ 晁福林：《〈礼记·礼运〉篇"骰地"解——附论"地"观念的起源》，《人文杂志》2019年第1期。

㉗ 吴丽平：《国家祭典的历史变迁和当代复兴——以北京先农坛祭祀为例》，《民间文化论坛》，2014年第3期。

㉘ 左犀：《北京的钟鼓楼与钟鼓文化》，《北京观察》2010年第12期；王灿炽：《元大都钟鼓楼考》，《故宫博物院院刊》1985年第4期。

㉙ 王仲殊：《试论唐长安城大明宫麟德殿对日本平城京、平安京宫殿设计的影响》，《考古》2001年第2期。

㉚ 王文元：《汉城发展的历史沿革》，《城市问题》1989年第1期。

㉛ 联合国教科文组织世界遗产委员会编著、中国古迹遗址保护协会译：《实施世界遗产公约操作指南》，2017版，第79—86段。

㉜ 陆原：《历数北京中轴线四十二座古建筑》，《北京规划建设》2012年第2期；王建伟：《民国北京中轴线的历史变迁》，《北京档案》2018年第10期。

㉝ 联合国教科文组织世界遗产委员会编著、中国古迹遗址保护协会译：《实施世界遗产公约操作指南》，2017版，第87—88段。

㉞ 这些建筑包括永定门、先农坛、天坛、正阳门及箭楼、毛主席纪念堂、人民英雄纪念碑、天安门广场、天安门、社稷坛、太庙、故宫、景山、万宁桥、鼓楼及钟楼。

㉟ 联合国教科文组织世界遗产委员会编著、中国古迹遗址保护协会译：《实施世界遗产公约操作指南》，2017版，第96—97段。

（作者单位：中国文化遗产研究院）

天坛牺牲所建筑沿革述略

朱江颂

历史上的牺牲所是明清两朝各坛庙祭祀用动物（牺牲）饲养、举行选牲、视牲礼、看牲祀典礼仪和所内祭祀牺牲神和司牲神的场所。明代皇帝大祀之前须到牺牲所行"视牲礼"，"视牲礼"是由皇帝或太常寺等官员在正祭之前审查用牲准备情况的礼仪，以表示重视和虔诚。《春明梦余录》载："旧制，岁以十二月朔旦驾亲临阅，以后每夕轮一大臣继视之。"

《明会典》载："嘉靖九年，令冬夏至大祀，及祈谷礼，俱正祭前五日，上亲视牲。"①明代前期每年大祀前一个月第一天，皇帝亲临牺牲所行视牲礼仪，之后每天有大臣轮流进行视牲礼仪。嘉靖九年（1530）修订视牲礼制，皇帝在冬至祭天、夏至祭地和元月上辛日祈谷祭祀典礼的前五日，到牺牲所行视牲礼。清代改视牲礼为祀前五日晨亲王奉旨恭代。牺牲所在明清时期的皇家祭祀历史上曾发挥过重要的作用。

洪武二年（1369）依照前代之例，在南京设神牲所，洪武四年（1371）改称"牺牲所"，设廪牺令、大使、副使等官。明永乐迁都北京时，于永乐十五年（1417）沿袭南京旧制建天地合祀的天地坛，在天地坛西门外西南方向的神乐观之南设牺牲所。清代牺牲所初由太常寺管理，置正千户、副千户各一人，汉缺，秩从七品。顺治五年（1648）改正千户为所牧，副千户更名所副，乾隆二十四年（1759）改为满缺。乾隆二十六年（1761）改隶内务府庆丰司。设值年大臣一人（于总管内务府大臣内简派，一年更代），司

官二人（一人由庆丰司官兼充，一人由内务府其他司官兼充，二年更代），管理所务。下设厩长一人、厩副二人、厩丁七人、所军十九人、草夫二十人，专司牧养事务。

牺牲所初建时不在天地坛之内，明嘉靖九年变更礼制，恢复洪武初期天地分祀之制，增建圜丘坛专以祭天，嘉靖十三年（1534）二月诏令南郊祭坛为"天坛"，嘉靖三十二年（1553）北京拓建南部外城，将北京中轴线自正阳门延伸至永定门，天坛修建了外坛西墙，向南扩建了外坛南墙，牺牲所被围于天坛之内。牺牲所与祈年殿、圜丘、斋宫、神乐署为天坛五组建筑群之一。

明初立牺牲所时，"设武职并军人专管牧养。其牲房，中三间，以养郊祀牲；左三间，养宗庙牲；右三间，养社稷牲。余屋养山川百神之牲。"②永乐迁都北京，在神乐观之南设牺牲所，规格仍按旧制。牺牲所正房九间，中三间为郊祀牲房，养大祀殿用牲。左三间为太庙牲房，右三间为社稷牲房。《日下旧闻考·官署》记："（牺牲所）永乐中建于京师，是后仓与牲房递加焉。"③

成化二十二年（1486），尹直任兵部尚书。后来他依例在皇帝省牲后赴牺牲所行看牲仪。"至所北门，则礼部委官及养牲（牲）士卒、知观、提点皆候。肃入，自兔房、鹿槛、羊栈、牛枋、猪圈，周行历视，乃坐官亭（厅）。"④成化年间，兔房、鹿槛、羊栈、牛枋、猪圈均已搭建完成，并且设立了可供各部官员看牲后休

息的官厅。

弘治初，兵部尚书马文升到牺牲所行看牲仪时，看到牺牲所所养大祀牛羊猪只存在混养问题。弘治三年（1490）十月，其奏议《大祀牺牲事》云："臣曾与看牲之列。往年看得牺牲所所养大祀牛羊猪只，每牲各混一处，粪尿深厚，或互相抵触，伤其皮毛。盖由本所官员不知养牲之法，太常寺官又少严于提督，以致如此。"⑤奏请大祀牛羊猪分圈拴系饲养。分圈拴系饲养后，牺牲不会相互抵触受伤而降为中祀，粪尿也不会污其牲体，更便于涤牲。

明嘉靖年间天地分祀后，祭天用苍犊，祭地用黄犊，用犊量增加，牺牲所用于养牲的正房中三间扩建为五间，正房从九间扩建为十一间。

有关明末清初牺牲所建筑规模和平面布局，《天府广记》对神牲所有较详细的记载，孙承泽《春明梦余录》所载与《天府广记》基本相同，不再赘叙。《天府广记·郊坛》说：

牺牲所建于神乐观之南。初为神牲所，设千户并军人专管牧养其牲。正房十一间，中五间为大祀牲房，即正牛房。左三间为太庙牲房，右为社稷牲房，前为仪门，又前为大门，门西南于视牲之日设小次。大门东连房十二间，西连房十二间，前为晾牲亭三间。东西有角门，东角门北为北羊房五间、山羊房五间，又北为暖屋、涤牲房五间，仓五间，大库一间；西角门北为北羊房五间、山羊房五间，谷仓两间，看牲房一间、黄豆仓一间、官厅三间。正牛房之北为官廨十二间，东为兔房三间，又东为鹿房七间。鹿房前亦为晾牲亭三间，右前为石栅栏。官廨西为便门。门西又为官廨四间，又西为小仓三间。东羊房后为新牛房十间，喂中祀小祀

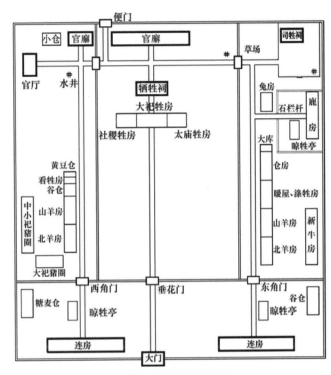

图一　明末天坛牺牲所示意图

牛。正北为神祠。西羊房后正南房五间为大祀猪圈，西房十间为中祀小祀猪圈，北有井。又草场东北为司牲祠。⑥

为了便于理解，笔者依据孙承泽《天府广记》所记，绘制明末天坛牺牲所平面示意图（图一）。牺牲所主要建筑轴线两侧呈明显不对称，后文对此会专门论及。

据《天府广记》所记述，可知牺牲所为饲养牺牲的符合礼制的建筑。正房十一间专养用于大祀之牲，即牺牲等级最高的"犊"。中五间为天地大祀用牲，名大祀牲房。左三间为太庙牲房，右为社稷牲房，也是按照左祖右社之制，牲房位置、名称与祭祀用牲的坛庙位置、名称相对应。对于牺牲而言，对献祭后亡灵之神的祭祀重于护佑饲养平安之神的祈祷，因此牺牲神祠的地位高于司牲祠的地位，位于正北，而司牲祠则放置于东北角落之中。由于牺牲祭祀前要行"涤牲"礼，因此需要设涤牲房、暖屋和晾牲亭。

清代牺牲所初由太常寺管理，建筑

布局变动不大。于敏中《日下旧闻考·官署》记:

> 牺牲所建于神乐署之南,南向,五楹,为大祀牲房,即正牛房。左三楹太庙牲房有东晾牲亭及谷房,右三楹社稷牲房有西晾牲亭及糖麦仓。两仓之北为山羊房,西北羊房又北有谷仓、豆仓。有看牲房,正牛房之北为官廨。廨东兔、鹿房,房前亦为晾牲亭,又前石栅栏。官廨西为小仓,东羊房后有新牛房及后牛房,养中祀、小祀牛,皇上视牲日,大臣止其中,西羊房后为大祀猪圈,西房为中祀、小祀猪圈,亦有晾牲亭。又北为草厂。⑦

该记载对天坛牺牲所建筑布局描述较为简略,未提及东西连房牺牲神祠和司牲祠。

乾隆二十六年,牺牲所由太常寺改隶内务府庆丰司,建筑布局与清初相比有较大不同。《日下旧闻考·城市》说:

> 牺牲所建于神乐观之南。东北为司牲祠。……牺牲所南向,大门三间,内花门一座,正房十有一间,中三间奉牺牲之神,左右牧夫房各二间,牛房各二间。后屋十有六间,内满汉所牧房各三间,所军房一间,贮草房五间,草夫房四间。东边两重四十八间:内贮料房二间,贮草房三间,牛房十有五间,羊房五间,鹿房二十间,兔房三间。西边一重十有五间:内库房一间,泡料房、磨房各二间,豕房五间,牛房五间,鹿栏、牛枋均分列屋之左右。西北隅官厅三间,东向。井一。北门一间。围墙东西五十二丈,南北五十二丈五尺。⑧

乾隆十五年(1750)五月六日完成的《乾隆京城全图》是迄今为止近现代发现的最精密、最完整的一幅古代北京城市地图,真实描绘了清乾隆早期京城的各类型建筑的分布。尽管图中天坛牺牲所部分有霉变缺失,但尚可辨析当时天坛牺牲所建筑布局的大致情况,依然是牺牲所最重要的建筑布局参考文献之一。选用《乾隆京城全图》版本中的《清内务府藏乾隆京城全图》,其第十六排第五幅、第六幅,第十七排第五幅、第六幅,四幅可以拼接出天坛牺牲所全图(图二)⑨。

金梁先生在《天坛志略》一书中较为详细地介绍了晚清时期天坛牺牲所的建筑布局:"牺牲所是坐北向南的一所宅院。全部是平房,没有宫殿。围墙正方形,南北宽营造尺五十二丈五尺,东西长营造尺五十二丈。大门三间向南,门内正北是垂花门一座。垂花门内北房十一间,中三间是'神堂',是供牺牲神的地方。左右的四间和右边的四间,是牧牛夫役宿舍和牛房,俗称'神牛房'。后屋十有六间,为所官、牧夫、草夫、所军等人的宿舍,及储草用的棚房。东跨院共房四十八间:为料豆房,草房,牛房(俗名'神牛圈'),羊房(俗名'神羊圈'),鹿房(俗名'神鹿圈'),兔房(俗名'官兔场')。西跨院有房十五间:为内库房(俗名'家伙库'),泡料房、磨房(都是牛、羊、猪、兔、鹿等食料的地方),

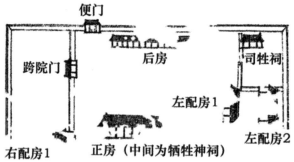

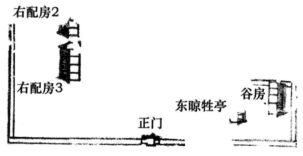

图二 《乾隆京城全图》中的天坛牺牲所

豕房（俗名'神猪圈'），牛房（挤牛乳的地方），鹿槛、牛枋（是喂养小牛、小鹿的地方）。北围墙有后门一座。西北角墙里面，有守兵的宿舍五间。"⑩ 其对牺牲所的所见所记与《日下旧闻考》虽也有所不同，但总体大都相合。可以认为，牺牲所和天坛大多数建筑群一样，最终风貌均为乾隆时期形成的。

现据上述所记，可知明末清初到乾隆时期天坛牺牲所建筑布局改扩建的情况。牺牲所位于神乐署南，圜丘坛门东南。坐北朝南，周围砌砖墙，东西五十二丈（约166.4米），南北五十二丈五尺（约168米），为南北略长的方形院落。大门明间三间，南向。歇山顶，灰色筒瓦⑪。正门内东西沿墙各建连房十二间。东西连房前各设晾牲亭三间。《日下旧闻考·官署·太常寺》又记："左三楹太庙牲房有东晾牲亭及谷房，右三楹社稷牲房有西晾牲亭及糖麦仓。"东晾牲亭的东侧为谷房，西晾牲亭的西侧为糖麦仓。《乾隆京城全图》中牺牲所前院东晾牲亭之东的谷房虽霉变缺失，仍依稀可见，为东西向。牺牲所正门内迎面有垂花门（仪门）一座。仪门左右墙上各有角门一座。明清以来前院建筑格局一直没有发生大的变动。

明末清初到乾隆时期，牺牲所垂花门内后院的建筑布局，特别是正房、后房和牺牲神祠发生了较大变动。通过历史文献对天坛牺牲所后院建筑布局改扩建的情况加以辨析，主要有以下变动：

1. 牺牲祠的迁建和正房的改建

《天府广记·郊坛》说："（牺牲所）正房十一间……正北为神祠。"《天府广记》没有记载牺牲祠的间数，但是明确记述了牺牲祠并不在正房十一间之内，而是在正房的"正北"。正房之后为后房。细考《乾隆京城全图》绘制的后房并非挨着正房而建，而是沿牺牲所北墙而筑，与正房有较大的距离。因此明代的牺牲祠只能位于正房和后房之间，是一座单独的神殿。

《日下旧闻考·城市》则说："（牺牲所），正房十有一间，中三间奉牺牲之神。左右牧夫房各二间，牛房各二间。"这表明，明代原正北的奉牺牲之神的神祠，迁建到正房中十一间的大祀牲房的中间三间。明代原正房余下的八间神牛房改建为"左右牧夫房各二间，牛房各二间"。正房由神牲房改建为人、神、牲共处的居所。

20世纪70年代，牺牲所大殿青白石柱础和垂花门石底座在牺牲所遗址原址出土。20世纪90年代，明代牺牲所滚墩石与柱础石已移放至天坛斋宫南门外空场保存。大型柱础石共出土18件，为面阔六楹五间殿堂的柱础石。"牺牲所大殿柱础说明牌"对牺牲祠做了说明："天坛外坛原设有牺牲所（今无存），负责饲养京都各坛祭祀所用牲只，该所正殿五间，供'牺牲神'。近年施工中发现该殿柱础，移放坛内保存。"出土的牺牲祠石柱础数量表明祠的正殿为五间，而《日下旧闻考》却记载牺牲祠为正房间中的三间，出土文物证据与历史文献记载不一致，正殿五间变为正房十一间中间的三间。明代牺牲神祠为五间大殿，且坐北朝南。而《天坛志略》记述牺牲所"全部是平房，没有宫殿"。说明正房中间的三间"牺牲祠"已由五间宫殿规制改成了三间平房。据推测可能是作为牺牲动物的神祠规制过高，因此原牺牲祠地面建筑被拆除，仅剩下石柱础。牺牲所石柱础的出土印证了明代牺牲祠曾经迁建的史实。

2. 后房官廨的改扩建

正房之后为后房。后房在明末清初时期为官廨。《天府广记·郊坛》对后房记述为："正牛房之北为官廨十二间。"《日下旧闻考》则记为"后屋十有六间，内满汉所牧房各三间，所军房一间，贮草房五间，草夫房四间"。乾隆时期后房官廨从明代的十二间扩建为十六间，官廨却由原来的十二间缩小为所牧（所长）的办公住宿用房六间。所牧、所军士兵和草夫都合住在同一排房舍里。后房由官署改扩建为官、兵、民和储草房合用的房屋。

3. 东西配房的增建

《天府广记》没有记载明末牺牲所正房前的两侧有东西配房，是否漏记史无明载。《日下旧闻考》也未记乾隆时期牺牲所东西配房的存在。《乾隆京城全图》则标绘出正房至垂花门两侧有东西配房，布局为不对称式。东配房两座，面阔均为五间，布局为靠北而建，一前一后。西配房三座，均面阔五间，依次由北向南排列，各配房之间的间距也不相等。北京档案馆所存民国时期的一件核查天坛内外垣建筑房屋数量和修缮情况的档案《先农坛、天坛等坛庙地址、历史及现状》证实，民国时期仍存东西配房各一座。这件文书档案用毛笔行书记述为："牺牲所三间……东西配房各五间。"⑫

4. 司牲祠东西两侧添建龙神庙、关帝庙和官厅

《天府广记》说："（牺牲所）东北为司牲祠。"司牲祠又称三圣庙，中间奉司牲之神，是祭祀动物饲养的保护之神，左边配位为青山水草之神，是祭祀动物饲养的水草之神，右边配位为土地之神，祭祀动物饲养的牺牲所土地之神。《乾隆京城全图》绘制司牲祠建筑规制为面阔三间，位置在牺牲所东北角，东西两侧并无其他建筑。清道光官刊本《太常寺则例》卷七："牺牲所内有关帝庙一间，龙神庙一间，东北角三圣庙一间，均南向。"清乾隆至道光时期，司牲祠西侧添建了关帝庙和龙神庙。关帝为牺牲所管理守卫牧养人员的保护之神。龙王为牺牲所内井户之神。依据《世界人类文化遗产——天坛》一书所记，牺牲所内的院门有关帝庙院门、龙神庙院门⑬。可知关帝庙、龙神庙均为清代乾隆十五年之后增建的有院单独庙宇。

后房之西，牺牲所西北角原有官厅三间，东向，供值年大臣办公和视牲王公官员休息。官厅之东的北墙上开有一座便

门。另据《天坛广记》记述，在便门以东、关帝庙以西，"庙堂西邻南向官厅三间"⑭。应为后来增建的官厅。

5. 东西跨院"牺牲"圈舍的搭建变化

东西角门是为东西跨院设置的。《日下旧闻考》所记与《天府广记》所记相比，牛房、鹿房、羊房等牲畜圈舍、饲料仓房有较多改变。因为圈舍并非正规建筑，可以因饲养牲畜的种类和数量进行调整增减，所以对于圈、舍两文记述会有不一致的地方。

明代时期，牺牲所举行的小祀数量只有8项次。到清代，小祀项次不断增多。到清中期，增加至53项次⑮。牺牲所内可搭建牲畜圈舍的地方有限，而祭祀需要的用牲数量大增，所以从明代永乐年间到清初牺牲所一直饲养的小祀用牲到清中期后不再饲养。后来牺牲所搭建的牲畜圈舍只饲养用于中祀、大祀的用牲。

关于天坛牺牲所清乾隆时期的建筑布局，《实测北京内外城地图》有重要的参考价值。该图于民国二年(1913)由内务部职方司测绘编制，京师京华印书局代印，为民国政府成立后测绘出版的第一幅北京城区全图。该图保留了不少明清时期的古建筑，其中牺牲所后院也绘于其中。虽然前院未绘，后院也只是略图，图中的房屋名称也未标注，但依然可以辨析当时所内一些重要建筑。同时由于是实测，主要建筑相互之间的对应关系和距离的可信度很高（图三）⑯。

通过将《乾隆京城全图》与《实测北京内外城地图》相对比，《乾隆京城全图》中左配房3因霉变而缺失。牺牲所的左右配房虽然位置不对称，但应当都是三座，每座五间。参考《嘉庆会典》乾隆时期的天坛总图，牺牲所略图中东西各有三间配房，可以佐证上述论证⑰。

对《实测北京内外城地图》所绘牺牲所后院建筑布局加以分析，可知其主要建筑并不在牺牲所中轴线上，而是明显向西偏移。《乾隆京城全图》标注的左右配房

也不对称。牺牲所两侧牲房排列栋数和间数也不对应。笔者推测这种不对称布局的原因在于牺牲牧养治理之所礼制建筑布局的特殊性。

为了便于理解，现依据《日下旧闻考》《乾隆京城全图》《实测北京内外城地图》所记，绘制了清乾隆时期的天坛牺牲所平面示意图（图四），可供参考。

乾隆朝以后，清朝国力衰微，天坛的格局就一直保持至清末。天坛牺牲所在此期间的建筑布局也未发生大的变动。依据《天坛志略》所记："西北角墙里面，有守兵的宿舍五间。"[18]可知小的变动主要是在牺牲所西北角添建了五间守兵宿舍。

1900年，八国联军发动侵华战争，占领了北京，天坛也被八国联军占据。八国联军盘踞天坛达一年之久，天坛的建筑、园林及礼仪陈设遭到严重的破坏。八国联军撤走以后，天坛神圣的地位不复存在，清政府无力恢复，管理日渐荒疏，牺牲所也逐步遭到破坏。民国年间牺牲所全部建筑均为林艺试验场占用，后又多次驻军。《天坛记略》载："牺牲所……历经驻军，建筑多半残毁。"[19]牺牲所以后又辟为医院。而日军及国民党军皆以其处建军队医院，牺牲所建筑遭到进一步破坏。中华人民共和国成立后，牺牲所被一所中级卫生学校占用，余下的少量古建筑渐次被拆毁。20世纪70年代初，仅剩的牺牲所南门三间被拆除。至此，牺牲所仅留一段西南段长30余米的残墙。

1998年，天坛被联合国教科文组织确认为"世界文化遗产"。今后，可考虑复建牺牲神祠和司牲祠，至少应当复建牺牲所的部分围墙，以象征天坛建筑的完整性。因为，文化遗产的部分复建也是对历

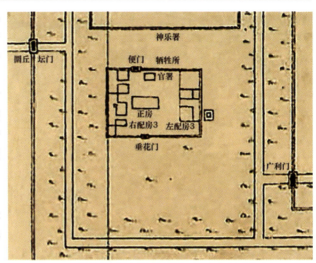

图三 《实测北京内外城地图》（天坛牺牲所部分）

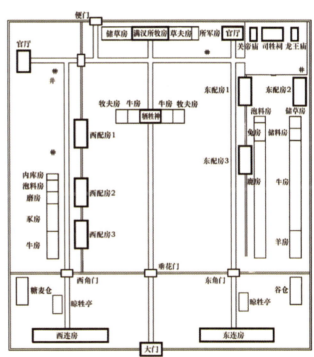

图四 清乾隆时期天坛牺牲所平面示意图

史真实性的再现。天坛牺牲所是天坛整体布局的重要组成部分。"完整性"是关于世界遗产保护的重要原则之一，是支撑世界遗产普遍价值的重要支柱之一。完整性原则不仅包括世界遗产空间格局完整，也包括历史信息的完整。因此，天坛在申报世界遗产时，把恢复天坛的完整性作为缔约国的一项重要承诺。牺牲所的复建，将

使天坛的五组建筑群得到统一，展示世界文化遗产的完整性和真实性。牺牲所未来的复建也有益于中轴线申报世界文化遗产。

① （明）申时行：《明会典》，中华书局，1989年，第1074页。

② （明）申时行：《明会典》，中华书局，1989年，第460页。

③ （清）于敏中等：《日下旧闻考》，北京古籍出版社，1983年，第1052页。

④ （明）邓士龙辑，许大龄、王天有主点校：《国朝典故》卷五十三《睿斋琐缀录一·视牲本末》，北京大学出版社，1993年。

⑤ （明）马文升：《景印文渊阁四库全书·端肃奏议卷四·大祀牺牲事》，上海人民出版社等，1999年，第427册，第746页。

⑥ （清）孙承泽：《天府广记·郊坛》，北京古籍出版社，1987年，第69—70页。

⑦ （清）于敏中等：《日下旧闻考》，北京古籍出版社，1983年，第1052—1053页。

⑧ （清）于敏中：《日下旧闻考》，北京古籍出版社，1983年，第942—943页。

⑨ 参见《清内务府藏乾隆京城全图》，故宫博物院，1940年。

⑩ 金梁：《天坛志略（誊刻复印版）》，首都图书馆藏，1952年，第37—38页。

⑪ 徐志长：《天坛广记》，中华书局，2007年，第103页。

⑫ 北平坛庙管理所：《先农坛、天坛等坛庙地址、历史及现状》，北京档案馆藏，1912年，J003-001-00163--A_P05。

⑬ 杨振铎：《世界人类文化遗产——天坛》，中国书店出版社，2001年，第110页。

⑭ 徐志长：《天坛广记》，中华书局，2007年，第104页。

⑮ 王秀玲：《清代国家祭祀研究》，南开大学博士论文，2006年，第12页。

⑯ 参见内务部职方司测绘处：《实测北京内外城地图》，京师京华印书局，1913年。

⑰ 《大清五朝会典·嘉庆会典图一》，线装书局，2006年，第2页。

⑱ 金梁：《天坛志略（誊刻复印版）》，首都图书馆藏，1952年，第38页。

⑲ 《天坛记略》（附祭器乐器说明），内政部北平坛庙管理所，1932年，第5页。

（作者单位：首都师范大学历史学院）

清代北京右安门外尺五庄沿革初探

侯海洋

北京自金代建都以后，随着城市各种功能的强化，园林别业大为发展。但起初，园林的种类仍以金章宗等帝王经营的皇家园林为主。以南城为例，元代草桥地区以廉园、玩芳亭为代表的私家园林开始出现①。明代，丰台十八村发展为"花乡"。经过元明两代的开发培育，右安门外所处的今丰台北部地区园林别业，在清代又进一步得到发展②。

但不管是元代还是明代，这些名园属于私有，几乎没有向社会开放。但是清代以后，丰台园林的私有属性逐渐被打破，以致在宣南及丰台近郊发展出一些公共园林形态。这种变化究其原因，是与清代的官场文化分不开的。特别是从清中期开始，文人雅士在风和日丽、天朗气清之日，三五相聚在城南的风景名园中，享受宦海之外的一份恬适。右安门外尺五庄，就是清代公共园林之一。

以往学者，如李瑚先生、赵光华先生、吴文涛女士及李临淮先生，都在自己关于北京地区园林的综合性研究中，对尺五庄略有指陈。除了上述前贤的研究成果外，鞠熙最近在研究民国初年北京公园所代表的公共空间转型问题时，谈到嘉庆京师洪水对尺五庄的浩劫③。但他们在谈到尺五庄时，多浮光掠影，点到为止，未能厘清该园的沿革、归属与变迁问题④。本文鉴于上述研究的不足，将尺五庄视为一个公共园林的个案，探讨这处城南游览地的沿革变迁过程，揭示有清一代皇家园林以外的士人宴游、聚会与修禊之所随国运兴衰起伏的历史，从而展现以尺五庄为代表的园林别业从最初的私家别墅到都中胜境的娱情佳地，再到沦为荒地，以至于彻底融入京师城南平民社区的历史脉络。

一、从祖氏园到尺五庄

（一）尺五庄的得名与位置

尺五庄这所小型园林最早如何得名，已难详知。但很显然，应该和它与右安门的距离无关。笔者以为其得名应该源自唐代杜诗所用典故。杜甫《赠韦七赞善诗》注引俚语称："城南韦杜，去天尺五。"由于韦氏、杜氏两家虽位于长安城南，但门第甚高，地位与天子很近。右安门外的尺五庄也在北京城南面，清人将其比附韦、杜二曲而来。

因尺五庄今已不存，所以关于它的方位，没有直接的文献帮助我们锁定。但是陶然亭的位置可以作为参照。张际亮《金台残泪记》载："右安门俗曰'南西门'，陶然亭在门内一里许，康熙间江某所建。尺五庄在门外一里许，乾隆间旗员所建。"⑤

尺五庄与陶然亭呈中心对称分布。陶然亭位于右安门的东北方一里左右，康熙年间，工部郎中江藻建立；尺五庄则位于右安门西南方一里左右，也就是说陶然亭与尺五庄以右安门为中心，各相距右安门一里。

清初诗人王渔洋《过祖氏园亭》诗中云"记得城南天尺五，绿芜红药水边村"。王渔洋卒于康熙五十年（1711），也就是说至少在康熙年间，祖氏园就已经与尺五庄同指一处园林。看来尺五庄可能与祖氏园有关。但是迄今为止，似乎还没有研究者对尺五庄与祖氏园或祖氏园亭的关系做过探究。

右安门外祖氏园，最早因祖大寿而得名。祖大寿这所园囿景致与方位如何？明清之际的著名史学家谈迁曾游历过该园：

甲戌，午出右安门，度石桥，稻田菜畦，大似江南。西二里，故祖都督大寿园。池柳台馆，掩映篱落，亦城南杜曲矣。又西里许，中顶华济宫，祀碧霞元君，气象钜丽，其东南别殿外池，可百余亩。⑥

根据谈迁的记述，若祖大寿园在今天的草桥，那么应该位于右安门正南二里，所以，笔者怀疑引文"西二里"中的"西"应作"南"。因为后面引文中提到"又西里许，中顶华济宫"，那么据今天仍存的古迹位置来判断，从草桥向西一里左右大约就是中顶庙（图一）所在。清末的蒙古族女史巴哩克杏芬也在《京师地名对》中记述："祖氏园，右安门外草桥，水石亭林，擅一时之胜，渔洋有《宿祖将军园诗》。"至于张际亮所言尺五庄在"门外一里"与谈迁所记二里有出入，笔者以为，祖氏园范围应该比较大，或许尺

五庄只相当于祖氏园的一部分。总之，尺五庄、祖氏园都位于同一地区——草桥。

（二）乾隆年间的尺五庄

乾隆年间成书的《帝京岁时纪胜》记载："六月朔日，各行铺户攒聚香会，于右安门外中顶进香。回集祖家庄回香亭，一路荷池赏莲，箫鼓弦歌，喧呼竟日。"⑦农历六月，也是城南诸园花木繁盛、亭沼秀丽的时节。如今的右安门外仍有一座祖家庄小区，与本文中的祖氏园不是一回事，可能另有所指⑧。潘荣陛笔下反映的是乾隆初年的情况，而刊刻于嘉庆初年的《藤阴杂记》，引用多首名句对祖氏园的风景与人居情况进行描绘，如严我斯《游祖氏园》："芦花围野岸，杨柳几人家"⑨。可见，旧园是与居民住宅相为一体的。《藤阴杂记》作者戴璐生活在乾隆年间，他表示彼时就已经对祖氏园的来历难究其源，所以后世几乎没有对其来历再有措意。此外，还有龚鼎孳《九月十九日夏卤均招同姜与可绮季刘玉少曹次岳赴丰台看菊以舆人失道不果留饮九莲寺归经祖园小憩晚集松筠庵》，在这极长的诗题中，共提到了丰台（大概为草桥）、九莲（菩萨）寺、祖氏园、松筠庵这四处重要的清初北京名胜，顺序由南至北。《宸垣识略》的作者吴长元认为祖氏园"乾隆初年，归于王氏"。沈德潜《看丰台芍药过王氏园诗》中也说"路入花源柳半遮，亭台旧是故侯家"。说的都是王氏园内的景观。但王氏园究竟是不是就是后来的尺五庄，还需要日后再挖掘材料加以详考。

前文提到的李瑚先生及一些学者径直将尺五庄视为金简的别墅。那么证据何在呢？

金简，字可亭，赐姓金佳氏，是乾隆朝重臣，曾手创武英殿聚珍版程式。金简虽出身于朝鲜，但是已经归顺清朝，隶属满洲正黄旗，所以称旗员也没有问题。但是笔者遍寻清代各种文献，没有找到尺五庄与金简有关的直接记载。《清史稿》中提到，金简的父亲名"三保"，为武备

图一 今右安门外中顶庙山门

卿。其妹，为乾隆帝的贵妃，死后与乾隆帝合葬⑩。

清人杨懋建（掌生）在其关于京师梨园活动的作品《京尘杂录》中，提到了这样一则信息：

> 惟陶然亭、小有余芳二处有酒家……小有余芳，则迟至入夏乃开园。其地为尚书郎三君（三宝）尺五庄别苑。尺五庄有马鬣封，三君爪发藏焉。过小桥出园，即为小有余芳。⑪

笔者猜测，这也许是后世将金简别墅与尺五庄联系起来之嚆矢，文中的尚书郎三君（三宝）明显与金简有关。因为他在乾隆四十八年（1783）官至工部尚书，且"宝"可通"保"。《京尘杂录》中所谓的三君"马鬣封"，也许是说尺五庄此前已经成为尚书金简或其父的墓地。但其父似乎并没有任尚书郎一职。李瑚先生《北京的河水与园林》及后来一些介绍北京园林的书籍中提到尺五庄作为金简别墅，其根据很可能就来自《京尘杂录》这条记载。

二、清中期士大夫游宴胜地

（一）嘉庆时期的尺五庄

1. 嘉庆六年（1801）大水与尺五庄

嘉庆六年京师大水，城南受灾严重。关于这场大水对右安门一带的影响，京官李慈铭在《郇学斋日记》中，对每日的情况变化都有详细记录。如"（六月）初八日丙午，闻右安门外丰台一带，村落皆尽，村民尽避入都城"⑫。此外，《嘉庆道光两朝上谕档》记载了右安门外的洪灾形势和中顶庙在救灾中发挥的作用：

> 步军统领、顺天府衙门奏称：右安门外关厢内各庙宇存留被水难民四百七十余名口，并闻中顶庙内存男妇千余名口。⑬

大水肆虐之时，该园正处于柏氏的经营之中。姚元之《竹叶亭杂记》详细记载了这场大水对尺五庄的破坏性：

> 后乃归之柏氏。柏氏不恤其村人，嘉庆六年大水，近园居民竞相蹂躏，高楼则拆毁之，大木则伐戕之，林竹池荷鞠为茂草。柏氏不能有，乃鬻于明氏，尺五庄乃分于多氏。

事实上，嘉庆六年水灾并未使尺五庄完全衰落。从嘉庆后期到道光年间仍有不少文人官宦到彼游走的情况看，尺五庄内应该还有不错的景致。

2. 明保与尺五庄

明保是乾隆朝权臣和珅的舅舅。此人与和珅的人格很像，都善于投机钻营。明保虽没有什么学识、才干，但通过结交权贵，担任过杭州太守、汉阳知府。据《清仁宗实录》：

> 又谕倭什布奏汉阳府知府明保与伊儿女姻亲应请回避一折：明保系和珅母族姻戚，平日倚恃和珅势焰，在任声名甚属平常。从前引见知府时，即蒙皇考鉴其人甚庸陋。查伊出身履历，经和珅朦混具奏，亦未令伊递折请训。径赴知府之任，皆朕之所深知。本年曾有人密折将明保参奏，未列实迹。朕因不为已甚，且彼时大员中如景安、秦承恩等，尚皆未经查办，何暇责及明保？今既与倭什布系属姻亲，明保才具本不胜外任，着即来京，以部员照例对品补用。⑭

这则实录记载的是嘉庆四年（1799）五月的事情。彼时，正是嘉庆帝肃清和珅余党之际。所以，明保占有尺五庄的时间应该在嘉庆四年五月明保来京之后。明保被嘉庆帝调回北京后，似乎没有受到和珅贪腐案的株连，只是"以部员照例对品补用"。此前，明保为汉阳府知府，按照乾隆十八年（1753）以后的官制规定，属于从四品。所以，嘉庆六年京师水灾以后，明保仍然有在北京南城购买私园的实力。关于明保对园林亭台的喜好，从袁枚《随园诗话》一段文字可见一斑：

> 明保系和珅继母之堂弟，原系漕督嘉谟之子，满洲正红旗人。善于谋利，江南及口外，皆有其买卖。在杭州太守任内，养美姬十数人，专为应酬权贵之用。与张

朝缙、蒋赐棨同。然为人却通脱风雅，以事落职家居，园亭歌舞，无一不精绝。所畜苏州戏班名"迎福"，殁后数年，今亦一败涂地矣。⑮

明保购买尺五庄的准确时间已难确考。但是，以明保"善于谋利"，而又"园亭歌舞，无一不精绝"的生活做派，他在嘉庆六年后购买尺五庄一事应该不是没有可能的。

清代宗室昭梿所撰《啸亭杂录》对尺五庄与明保的关系有明确介绍：

……又右安门外有尺五庄，为祖氏园亭，近为某部曹所售。一泓清池，茅檐数椽，水木明瑟，地颇雅洁，又名"小有余芳"，春夏间多为游人宴赏。其南王氏园亭，向颇爽垲，多池馆林木之盛。嘉庆辛酉为水所冲圮，后明太守保售之，力为构葺，修缮未终而太守遽卒。故今池馆尚未黝画，半委于荒烟蔓草之中，殊可惜也。⑯

《竹叶亭杂记》对明保经营尺五庄的情形记述说："明太守丰于财，乃购料庀材，欲复其旧而更壮之。费资万余，材甫粗备，未及修而没。"昭梿和姚元之对此时的尺五庄情况记述得都很清楚，明保拥有尺五庄的时间很短，在他去世后，尺五庄也就荒芜了。

3. 嘉庆年间的尺五庄诗会

前文征引昭梿书中提到，尺五庄是士人春夏间宴赏佳地。嘉庆年间的文人宣南集会修禊活动，主要是举办诗会。如清人潘曾沂的《功甫小集》，刊于嘉庆戊寅年，即嘉庆二十三年（1818）。该书卷八收有朱绶《宣南诗会图记》，其中述及文士们互相邀饮于尺五庄，醉后题诗于园中墙壁上⑰。嘉庆年间，尺五庄的诗会活动虽然不及道光年间的修禊活动，但也算规模可观了。另外，《京都竹枝词》是清嘉庆间人得舆所著一部收录百余首诗词的文集，其中颇多反映当时市井民俗内容，如："右安门外少见尘，人影衣香早稻新。小有余芳开市后，坐看中顶进香人。"可见，小有余芳的开市与中顶庙进

香活动有着紧密联系。

（二）道光时期的尺五庄与士人宴游

前文提到嘉庆六年大水对尺五庄的严重破坏，从此尺五庄的主人地位开始下移：

尺五庄在南西门外里许，都人士夏日游玩之所也。有亭沼荷池，竹林花圃，可借以酌酒娱宾。其西北为柏家花园，有长河，可以泛舟。有高楼，可以远眺。茂林修竹，曲榭亭台，都中一胜景也。尺五庄乃其附庸也。其初，俱为王氏之园，继为果亲王府所有。后乃归之柏氏。柏氏不恤其村人，嘉庆六年大水，近园居民竞相蹂躏，高楼则拆毁之，大木则伐戕之，林竹池荷鞠为茂草。柏氏不能有，乃鬻于明氏，尺五庄乃分于多氏。⑱

引文中的"南西门"即指右安门。"附庸"二字，体现出柏家花园的规模要远大于尺五庄。柏氏具体指何人，翻检各种材料，已经几乎不可考了。但这里的柏氏，应该和金简一样，似为朝鲜籍的旗人⑲。从柏氏到明保再到后来的一些尺五庄主人的地位已经不能和金简等高官相比，转为地方官或者一般官吏。值得一提的是，姚元之所说的王氏，大概是指前文所说乾隆以前尺五庄南面的王氏园。据《啸亭杂录》"其南王氏园亭，向颇爽垲"。王氏具体为何人，已难确考。但这座园林和尺五庄一样，在嘉庆六年大水中被重创。

前文指出明保未及修缮尺五庄时已身故。但荒芜的园亭很快转到特通阿手中。姚元之称特通阿"初守河南之汝宁，洊擢为陕西廉访……未几卒，公子乃于此地营窀穸焉"。近人邓之诚先生也在其读书笔记中，援引清代文登士人于克襄《铁槎山房见闻录》一书，简述陕西廉访使特通阿收购尺五庄的情况。按照邓先生给出的线索，本人将该书有关内容迻录于此：

京都南西门外尺五庄，房舍曲折，花木芬芳，处处引人入胜。每当春三二月，游人麇集，夏间绿荷满池，芙蓉吐艳，红白相间，尤足移情。旁有小有余芳，好事者

开设野茶馆。数株杨柳，临水垂阴，十丈红尘，真不可多得之境。京官退食之暇，往往三五良朋宴集于此。予亦屡次往游，后为特廉访通阿所购，适廉访没于署，其子遂卜葬于庄内。柳畦花径变为墓道幽宫，游者辄有焚琴煮鹤之叹。所存者，唯小有余芳数间，竹篱茅舍，煮茗清谈，提壶小酌，藉以息游踪而洗尘俗。盖尺五庄近隔一墙，不胜咫尺天涯之感矣。[20]

"廉访没于署"，即指特通阿死在陕西任上，其尸首可能最终由其子运回北京，并葬于尺五庄内。这说明，特通阿赴任陕西，并没有改变他是尺五庄园主的身份。清代乾嘉道时期，以特通阿为名的满族权贵不止一人，比较著名的还有家住甘石桥的辅国公特通鄂。但是此人生于乾隆元年（1736），逝世于乾隆三十四年（1769），仅活了三十四岁，应该与尺五庄主人的特通阿不是一人。既然特通阿卒于陕西按察使任上，那么他必定在赴任之前就拥有了这所风景名园。

关于特通阿的生平，文献记载很少。魏秀梅编《清季职官表（附人物录）》考证出特通阿卒于道光元年（1821）[21]。所以，他任陕西按察使的时间，应该在道光元年之前。

前文说到，尺五庄的景色"大似江南"，道光间张际亮有《金台残泪记》，详述京城梨园风情。其中说尺五庄内的小有余芳"水榭竹篱，颇似江南邨落""每于东风三月，游丝送燕，碧荷一雨，返照传蝉，使人渺然有天涯之感"。顾太清曾追记携夫同游尺五庄。她的丈夫奕绘贝勒也有《金明池·过尺五庄》传世。同时期的林则徐在日记中记述说，嘉庆二十一年（1816）六月初九日，出南西门（右安门）到尺五庄"坐花行酒"，稍后又到三官庙看花。

尺五庄不仅是在京常驻官员经常畅游之所，而且也吸引了一些外地来京办事的官员。道光十六年（1836），官员李钧由河南府太守暂署河南粮盐道[22]。从这年九月迄于次年六月，李钧通过日记形式记述自己督管漕运的情况，最后汇集成《转漕日记》一书。道光十七年（1837）五月，在京逗留期间，李钧邀约三五友人游逛了许多京城名胜。初七这日，他们来到尺五庄游览。书中记道：

午刻，右安门外玉泉营翟舒堂茂才（锦联璧门人）招饮于尺五山庄……庄本贵家园亭，赁直为宴游之地。前归德府恒心农太守（豫）爱其风景，买作墓田。而割其一角为小有余芳，以供游宴。其内时加扃闭，非相识者不能入也。[23]

恒心农，名不见经传，文献中对此人的生平交代甚少。"心农"估计是恒豫的字。从文中可知，道光中期的尺五庄已开放为宴游地，但必须与主人相识才能入内。

清人梁章钜平时颇留意收罗各地楹联，纂成《楹联丛话》及续集、《楹联三话》等作品。其中《楹联三话》一书也提到了关于尺五庄的楹联。书中述及他人赠送太守恒豫对联的事情："京师城南之尺五庄，风景颇似南中。地主为恒心农太守，亦颇风雅。兴化郑子研有联赠之云：'何处无明月清风，半郭半村裴绿野，此地有茂林修竹，宜诗宜画谢青山'。主人得之甚喜。"据《楹联三话》书前序言，此书书竣于道光丁未嘉平，作者七十三岁于福建东瓯郡署中撰成[24]。道光丁未，即道光二十七年（1847）。我们从相对年代来估计，在此之前，尺五庄的主人应为恒豫（心农）。我们还可从中知道，恒豫成为尺五庄主人后，对入园者身份进行了限制，所谓"非相识者不能入"。但这也不影响尺五庄依旧保持公共园林的性质。关于恒豫的族属和身份，根据《钦定八旗通志》，知其原为满洲恒吉哩氏，后改为恒氏。《转漕日记》中说得很明确，恒心农购买尺五庄的目的，就是要将其作为死后的坟茔。小有余芳成为茶社和饭庄，大概也始于这段时期。因为前朝已经有明保、特通阿所打下的基础，所以尺五庄作为墓田也就理所应当了。

此外，谢国桢先生在《江浙访书记》中，曾介绍过清中期一部不著撰人的《花语阁日记》。该书曾经藏于四川省图书馆内。书中记述作者曾与张际亮等人，春天聚会于右安门外尺五庄饯春。日记起于道光十九年（1839）四月初一，止于是年十一月七日。谢先生分析认为，包括尺五庄集会活动在内的文人诗赋创作活动，是道光以来，政治日益腐败，文人不得志，遂借诗会发泄愤懑，以见志趣[25]。就笔者目前能力所及，《花语阁日记》已不易阅到，但该书对道光年间尺五庄文人宴游活动的记录，反映了道光年间宣南文化的一个缩影。

图二 《凝香室鸿雪因缘图记》（光绪六年版）中的"丰台赋芍"篇插图

（三）道光以后的尺五庄

上文提到，文登人于克襄用"焚琴煮鹤"来说明恒豫以后的尺五庄园林景象，可谓今不如昔。完颜麟庆《鸿雪因缘图记》"丰台赋芍"中对中顶庙、尺五庄等风物亦有提及（图二）：

碧霞元君，俗称中顶，北有三官庙，即古花之寺。曾宾谷盐使（名燠，江西进士）题额尚存。左为尺五庄，别名小有余芳，恒介石太守（名豫，满洲举人）丙舍；右颐园邻万泉寺，诚树堂都护（名端，满洲生员）别墅。[26]

恒介石，与前文提到的恒心农都应该指清代河南商丘归德府的长官恒豫。曾燠，清代著名骈文家，自道光六年（1826）从两淮盐政召回京后再未离开，道光十一年（1831）卒于北京。题匾大概作于这段时间。诚端，满洲镶黄旗人，道光十年（1830）由盛京工部侍郎调任和阗领队大臣，次年任叶尔羌帮办大臣。所以，这里称都护。这条记载也再次证实了

清代尺五庄位于今草桥地区。它以中顶庙为中心，向左（东）即尺五庄所在，向右（西）为万泉寺。草桥恰恰就位于中顶庙之左。

关于道光之后的尺五庄，几乎没有直接的文献资料来反映。《天咫偶闻》中写道："城南诸园，零落殆尽，竟无一存。惟小有余芳遗址，为吏胥所得。改建全类人家住房式。荷池半亩，砌为正方。又造屋三间，支以苇棚，环以土坐，仿村茶社式为之。过客不禁动凭吊之慨矣。"这应该描述的是恒豫之后的尺五庄变迁情形。此时的尺五庄，以小有余芳为招牌，经营一些餐饮方面的活动，这和此前的士大夫"天堂"大相径庭。

走笔至此，我们借助史料分析得出的尺五庄主人沿革情况，就约略清晰起来：王氏→果亲王→金简（尚书郎三宝）→柏氏→明保→特通阿→恒豫……→某吏胥

以上这个序列，应该能帮助我们知道尺五庄从康熙年间到道光年间的沿革过程（见附表）。尺五庄，经过果亲王、金简、柏某、明保、特通阿、恒豫等人的经营，说明此园主要在满族旗员中间流转，属于清代北京满族园林[27]。道光之后的尺五庄，随着旗人贵族的没落而盛期不再。

附表：清初至清中期的尺五庄园主沿革更替简表

	人物身份或族属	经营时间	园中景物	资料出处	备注
王氏	不详	不详	向颇爽垲，多池馆林木之盛	《竹叶亭杂记》《啸亭杂录》	似乎为尺五庄的一部分
果亲王允礼	亲王	约乾隆三年以前	不详	《竹叶亭杂记》	具体史实不可考
金简	朝鲜裔，满洲正黄旗人，工部尚书	乾隆年间	不详	《京尘杂录》	《京尘杂录》所述尚书郎三宝，疑为金简
柏氏	疑似为朝鲜族人士	嘉庆六年以前	有长河，可以泛舟。有高楼，可以远眺。茂林修竹，曲榭亭台，都中一胜景也	《竹叶亭杂记》	嘉庆六年大水，对尺五庄破坏严重
明保	和珅继母之弟，汉阳知府	嘉庆六年以后	荒烟蔓草中但余一片长河而已	《听雨丛谈》《啸亭杂录》《竹叶亭杂记》	明保大概在嘉庆四年调回京城，两年后购得尺五庄
特通阿	陕西按察使、署陕西布政使	道光元年之前	唯有小有余芳数间，柳畦花径变为墓道幽宫	《京尘杂录》《竹叶亭杂记》《铁槎山房见闻录》	
恒豫	满洲举人、太守	道光十八年之后	水榭竹篱，颇似江南邨落，每于东风三月，游丝送燕，碧荷一雨，返照传蝉，使人渺然有天涯之感	《转漕日记》《楹联三话》《鸿雪因缘图记》	从《转漕日记》"非相识者不能入"看，尺五庄逐渐由开放的公共园林转为封闭

从那时起，到1949年之前近百年的时间，文献鲜有提及，但总体衰落的趋势是可以估计的。

民国初年，由于距离三官庙很近，笔者推测尺五庄很可能沦为三官庙的庙产。1928年北平特别市寺庙登记中，对右安门外三官庙的庙产有详细记载：

> 附属土地庙南有荒草苇地一块计六十九亩四分，庙外有空地二段，共二十五亩五分九厘，庙西南有塔院地一段东西四十七弓，南北十六弓。[28]

清代作为士人公共园林的尺五庄也许就湮没于上述庙产中的荒草苇地、空地之中。当然，其精确的位置还需要日后搜罗更加微观的资料加以佐证。

三、余论

与生命体一样，每座园林都有其自身的生命历程。本文所研究的尺五庄，与"三山五园"等皇家御园的规模、形制不同，此类北京南城的小型私家园林与公共园林，小巧别致，闹中取静，是清代士大夫暂离官场、怡情畅叙之佳地。本文写作不可避免地运用不少清人笔记，虽然笔记资料对尺五庄的记载，有时存在舛讹、矛盾之处，但这并不妨碍我们对史料进行辨析，从中去伪存真，得出新的认识。目前笔者所掌握的尺五庄文献，主要集中于嘉庆、道光时期。由于相关史料的阙如，本文距彻底厘清尺五庄的发展线索，或许还有一段距离。关于尺五庄的历史沿革仍然有许多问题，需要日后继续发掘、探索才能解答。

清末旗人震钧在《宸垣识略》中，总结园林兴废规律说："盖自古园亭，最难久立，子孙不肖，尺木不立。"当然，这是讲的人为因素，自然因素也不能忽视。如前文提到的嘉庆、光绪年间京师永定河决口所带来的大涝。所以，城市园林盛衰原因要从人文与自然两个面向来考量。最后，我们期待日后能够在史料方面有新的发现，考察更多像尺五庄这种公共园林所催生的清代士大夫宴游文化。

① 孟繁清：《元大都廉园主人考述——兼析贯云石著〈孝经直解〉的思想渊源》，《元史论丛》第十一辑，天津古籍出版社，2009年。

② 范军、周峰：《元明清北京花乡的形成与发展》，《北京文博》2008年第3期。

③ 鞠熙：《民初北京公园理念与传统公共空间转型——以1914—1915年北京城市改造为例》，《北京师范大学学报（哲学社会科学版）》2016年第4期。

④ 李瑚：《魏源在北京》，载《古都艺海撷英》，北京燕山出版社，1996年；李瑚：《北京的河水与园林》，载《北京史苑》第二辑，北京出版社，1985年；赵光华：《北京地区园林史略》，分别在《古建园林技术》1985年第4期、1986年第1期、第2期上分三部分连载，但几乎没有谈及尺五庄；吴文涛：《北京丰台古代园林考索》，载《史苑撷萃：纪念北京史研究会成立三十周年文集》，经济科学出版社，2011年，第41—52页；李临淮：《北京古典园林史》，中国林业出版社，2016年，第81页。

⑤ 张次溪：《清代燕都梨园史料》，中国戏剧出版社，1988年，第253页。

⑥（清）谈迁撰、汪北平点校：《北游录》，中华书局，1960年，第85页。

⑦（清）潘荣陛：《帝京岁时纪胜》，北京古籍出版社，1981年，第25页。

⑧ 有人认为，今右安门外的祖家庄为祖大寿家族墓地。但据谈迁《北游录》中内容，可知那里更可能与祖大寿所建园林有关，而非茔地。此外，目前可能的祖大寿家族葬地：一在其桑梓辽宁省兴城；一在今北京清河永泰庄，都与右安门外祖家庄关系不大。

⑨（清）戴璐：《藤阴杂记》卷十一，上海古籍出版社，1985年，第131页。

⑩《清史稿》卷三百二十一《金简传》。

⑪ 杨懋建：《京尘杂录》，《笔记小说大观》第十八册，江苏广陵古籍刻印社，1984年，第369-370页。

⑫（清）李慈铭：《郇学斋日记》（后甲集之下），北京燕山出版社，1988年。

⑬《嘉庆道光两朝上谕档》第六册，广西师范大学出版社，2000年，第207页。

⑭《清仁宗实录》卷四四，中华书局，1986年。

⑮（清）袁枚著、王英志校点：《随园诗话》，江苏古籍出版社，2006年，第644页。

⑯（清）昭梿撰、何英芳点校：《啸亭杂录》卷九"京师园亭"条，中华书局，1980年，第295页。

⑰（清）朱绶：《宣南诗会图记》，收入潘曾沂《功甫小集》卷八，嘉庆二十三年刻本。

⑱（清）姚元之：《竹叶亭杂记》，《清代笔记小说大观》，上海古籍出版社，第4823—4824页。

⑲ 赵力主编：《满族姓氏寻根辞典》第二部分"满族老姓全录"，2012年，第187页。

⑳（清）于克襄：《铁槎山房见闻录》卷二"尺五庄"条，道光二十九年刻本，第7页。

㉑ 魏秀梅：《清季职官表（附人物录）》，《中央研究院近代史研究所史料丛刊》，1977年。

㉒ 粮盐道，始设于雍正年间，掌管粮储及盐法。唯有河南设立，其余省份不设。

㉓（清）李钧：《转漕日记》十七，收入王锡祺所编《小方壶斋舆地丛钞》第五秩，杭州古籍书店，1985年，第59页。

㉔（清）梁章钜编，白化文、李如鸾点校：《楹联丛话》，中华书局，1987年，第287页及序言。

㉕ 谢国桢：《江浙访书记》，三联书店，2008年，第162页。

㉖（清）完颜麟庆：《凝香室鸿雪因缘图记》第三集"丰台赋芍"，道光二十七年刻本。

㉗ 张佳生：《满族文化史》第十五章《荟萃南北的满族园林》，辽宁民族出版社，1999年，第628页。

㉘《北京寺庙历史资料》，中国档案出版社，1997年，第131页。

（作者单位：北京市文物局图书资料中心）

北京历史上的兵器制作技术

章永俊

北京历史上的兵器制作主要包括冷兵器与火器。北京地区冷兵器制作可以追溯至旧石器时代，其技术发展与社会由石器时代、青铜器时代至铁器时代的发展密切相关。金元以降，北京地区进入冷兵器与火器并用时期，火器制作技术在元明清时期得到较大发展。

一、金元以前的冷兵器制作技术

通常所说的冷兵器，是指用人力和机械力操持的直接用于斩击和刺杀的武器，如刀、矛、剑、弓箭等。中国古代冷兵器，按材质可分为石、骨、蚌、竹、木、皮革、青铜、钢铁等种类；按用途可分为进攻性兵器和防护装具，进攻性兵器又可分为格斗、远射和卫体三类；按作战使用可分为步战兵器、车战兵器、骑战兵器、水战兵器和攻守城器械等[1]。

在人类的发展进程中，最早使用的武器是矛和盾。追溯到其更早形态，应该算是棍棒与石块。在旧石器时代，"北京人"使用的众多石器中，就有一种"似镞石器"出现。于是人们把这种尖状石器，或者在磨尖的兽骨上装上一个木把的矛，就称为石矛或骨矛。用该种武器进行投掷，就成了最原始的标枪。

西周至战国时期，燕国的青铜兵器有了长足的发展，制作技术较高。1975年发掘的昌平白浮墓地出土的铜兵器有戈、戟、刀、短剑、匕首、斧、钺、矛和盔等60余件。值得注意的是，有些兵器器形是罕见的，有的还是首次发现。如M2出土的V式戈（有銎戈）、VI式戈（宽胡斜刃戈）、II式双钩戟、青铜短剑、II式刀、异型铜盔、"护腿甲"，M3出土的带铃匕首、斧、钺、鹰首短剑、马首短剑等。其中，带铃匕首、鹰首短剑、马首短剑的形制和花纹颇具地方风格[2]。

1958年在十三陵水库淹没区发现很多战国墓葬，其中一个人骨架的上肢骨里，发现一个铜镞，和唐山贾各庄战国墓出土的狭翼式铜镞大体相仿，铜镞射入骨内约1.5厘米，由此可见战国时铜镞的杀伤力是很大的，它不仅能射伤人的皮肉，而且可以射入骨内[3]。

延庆军都山3处墓地出土的兵器，以直刃匕首式青铜短剑和铜镞为大宗。其中，形式各异、装饰精致的近百件直刃匕首式青铜短剑集中出土，为我国古代兵器宝库增添了一批新内容[4]。

由于冶铁业的发展，到战国时期，各种铁制兵器已经在燕国普遍使用。1965年10月，燕下都44号墓出土铁兵器共6种52件，有剑、戟、矛、刀、匕首、胄等，还有铜铁合制的弩机、镞，以及铜兵器[5]。铁兵器的制造和使用，提高了燕国军队的装备水平。当时燕军使用的兵器不仅有剑、戟、矛等进攻性武器，而且有防护性武器。燕下都44号墓出土的铁胄（盔），就是燕军的防护性装备。

1975年，在北京市丰台区大葆台发掘的西汉晚期墓中有不少铁器出土。其中有铁斧、铁箭铤、铁笄、铁扒钉、铁环首工具及铁戟等[6]。大葆台汉墓出土铁器经过金相分析，箭铤、铁簪、铁扒钉、铁环首削系用生铁固态淬火脱碳成钢制成[7]。铸铁脱碳成钢是我国古代发明的独特的制钢技术，是铸铁热处理技术臻于成熟的产物。方法是将铸铁件退火脱碳，变为钢的组织，可根据不同的用途，在退火时适当掌握，以获得含碳量不同的高碳钢或低碳钢。经过脱碳热处理获得的钢件或白心韧性铸铁，性能良好，适用于制作刀剪之类。大葆台汉墓出土的铁簪等，是运用铸铁脱碳钢工艺的最早实物[8]。这比燕下都44号战国墓中出土的由块炼法取得海绵铁，再加以锻冶、淬火的制钢技术更为先进。

魏晋北朝时期，由于战争的需要，各种攻防器械和兵器制造都有不同程度的发展。兵器制造多属于官铁冶，规模庞大，人力物力雄厚，不计成本。如后赵建武八年（342），石季龙在青、冀、幽州穷兵征讨，仅造甲生产用工就多达50万人[9]。这在当时城邑丘墟、千里无烟的社会中，是一个相当可观的队伍，足见其时幽州一带军工生产规模之庞大。

1990年，房山区小十三里村西晋墓出土一把长约一寸的弩机模型[10]。从考古和文献材料来看，魏晋至北朝时期的冶铜业中，铜弩机为比较常见的兵器。不过，铜弩机这种远射兵器在北京地区主要出现于西晋。这是因为，西晋灭亡之后，北方匈奴、鲜卑等少数民族先后进入中原，他们长于骑射，盛行弓箭，但不大使用弩，因此从大量发掘的北朝墓葬中，几乎见不到弩的踪迹[11]。此外，筋角是制造弓弩的重要材料，幽州的筋角，驰名天下。魏人陈琳的《武军赋》，对幽州筋角制成的弓弩倍加称道："铠则东胡阙巩，百炼精刚……弩则幽都筋骨。"[12]

在辽燕京地区，与铁冶同时并存的还有制造武器盔甲等军工作坊，可以考知的有打造部落馆。王曾使辽时，"过松亭岭（今喜峰口），甚险峻，七十里至打造部落馆。惟有蕃户百余，编荆为篱，锻

铁为军器。"[13]又，《辽史·地理志》记载："河州、德化军，置军器坊。"[14]制作的各类武器，"弓以皮为弦，箭削桦为竿"[15]，"燕北胶弓，坚韧不易折"[16]，还有短刀、鸣镝之类，都制作良好。

金代中都地区的军器业尤为突出，军器制造主要由军器监和利器署经营管理。《大金国志》记载，海陵迁都之后，"役诸路夫匠造诸军器于燕京，令左丞相李通董其事，又令户部尚书苏保衡、侍郎韩锡造战船于潞河"[17]。张棣《正隆事迹》也说："再役下天军民夫匠，不限丁而尽起之，委左丞李通提控，造军器于燕山西北隅。"据此清楚地知道，金中都的军器生产在京城西北隅。

元代军器制造业发达，并有许多新发明，蹄筋翎根铠为蒙古时期发明的军用器具之一。发明人孙威善制甲，发明了蹄筋翎根铠这种军用甲胄，献给窝阔台。窝阔台"亲射之，不能彻，大悦。赐名也可兀兰，佩以金符"[18]。这项发明发挥了很大作用，穿上它的军士可以不避矢石。孙威的儿子孙拱还发明了能张能合的"叠盾"。他在至元十一年（1274）"制叠盾，其制，张则为盾，敛则合而易持。世祖以为古所未有，赐以币帛"[19]。

二、金元明时期的火器制作技术

（一）金元时期的火器制作技术

金朝不仅能够制造刀矛、弓箭等冷兵器，而且中都地区由于汴京工匠的大量迁入，还能够制造火药和火器。金代制造的火器见之于记载的有铁火炮、震天雷及飞火枪等，其中铁火炮在攻打南宋蕲州时曾使用过。铁火炮"状如合碗，顶一孔，仅容指"[20]。震天雷是一种威力很大的武器，系以"铁罐盛药，以火点之，炮起火发，其声如雷，闻百里外，所爇围半亩以上，火点著甲铁皆透"[21]。飞火枪是管状火器，制造技术水平非常先进。其

制法："以勅黄纸十六重为筒，长二尺许，实以柳炭、铁滓、磁末、硫黄、砒霜之属，以绳系枪端，军士各悬小铁罐藏火，临阵烧之，焰出枪前丈余，药尽而筒不损。"[22]金代火器以铁为外壳装制而口小，说明当时已掌握火药性能的转化作用来发挥火炮发射的威力，标志着火药利用技能的成熟。

元代官营铸造厂不仅能够制造常规冷兵器，而且大量制造域外传来的回回炮和火炮。至元八年（1271），回回人阿老瓦丁与亦思马因二人被推荐至京师大都，"首造大炮，竖于五门（当为午门）前，帝命试之，各赐衣段"[23]。至元十六年（1279），元政府又"括两淮造回回炮新附军匠六百人，及蒙古、回回、汉人、新附人能造炮者，至京师"[24]。这时已有许多人学会了制炮技术。

所谓回回炮，乃是一种抛石攻城机械，当时人描述说："其回回炮，本出回回国，甚猛于常炮，至大之木，就地立穿。炮石大数尺，坠地陷入三四尺。欲击远，则退后增重发之。欲近，反近前。"[25]这种炮，在元前期曾大量制造。在至元十年（1273）元军攻占襄阳时发挥过巨大的威力。当时，"亦思马因相地势，置炮于城东南隅，重一百五十斤，机发，声震天地，所击无不摧陷，入地七尺"[26]。

元代后期，火炮技术有了新的突破，出现了金属火炮——火铳，它利用火药在金属管内爆炸产生的气体压力来发射弹丸，同现代的枪炮原理一致。这种火炮，射程远、威力更大。据张宪《玉笥集》卷三《铁炮行》诗中所述："黑龙随卵大如斗，卵破龙飞雷鬼走。火腾阳燧电火红，霹雳一声混沌剖。"[27]黑龙指铁炮，由抛石机发射出去，到空中时，引线即发出来一股烟。卵即铁弹，当引线烧到炮壳的一刹那，烟忽停止，火光一闪，轰然一声，铁炮炸裂。

至正二十四年（1364），"时孛罗帖木儿拥兵京师……（达礼麻识理）纠集丁壮苗军，火铳什伍相联，一旦，布列铁幡竿山下，扬言四方勤王之师皆至，帖木儿等大骇，一夕东走，其所将兵尽溃"[28]。孛罗帖木儿拥兵自雄，企图谋反，被达礼麻识理的火炮所威慑溃退。

世界上现存最早的铜火炮（铳），一门是至顺三年（1332）铸造的，重6.94千克，长35.3厘米，铳口直径10.5厘米，铳筒中部盖面镌有"至顺三年二月十四日，绥边讨寇军，第三百号马山"的铭文，现存于中国国家博物馆。另一门是至正十一年（1351）铸造的，重4.75千克，长43.5厘米，铳口直径3厘米，前端镌"射穿百札，声动九天"，中部镌"神飞"，尾部镌有"至正辛卯"和"天山"等铭文，现藏于中国人民革命军事博物馆[29]。人们利用火药的燃烧性能和爆炸性能，使火器成为战争中最凶猛的武器。

（二）明代火器制作技术

明代火器制造较之前代有一定的进步。《明史·兵志》记载："古所谓炮，皆以机发石。元初得西域炮，攻金蔡州城，始用火。然造法不传，后亦罕用。至明成祖平交阯，得神机枪炮法……制用生、熟赤铜相间，其用铁者，建铁柔为最，西铁次之。大小不等，大者发用车，次及小者用架、用桩、用托。大利于守，小利于战。随宜而用，为行军要器。"[30]永乐八年（1410）明成祖征交阯时，得其神机枪炮法，在禁军内设神机营，"其兵卒皆造火药之人也，当时以为古今神技，无可复加"[31]。神机火枪系"用铁为矢镞，以火发之，可至百步之外，捷妙如神，声闻而矢即至矣"[32]，而且"箭下有木送子，并置铅弹等物，其妙处在用铁力木，重而有力，一发可以三百步"[33]。可见，所谓神机火器是一种从投石车发展过来的火炮。其制造方法在元代就已经失传了，明代从越南传来，所用材料主要是铜和铁。管状火器制造在明代普遍推广。

明代火器的形制与性能有了很大改

进。正统年间发明了两头铜铳、十眼铳等火炮火铳。据《明英宗实录》记载："左副都御史杨善请铸两头铜铳，每头置铁弹十枚，以继短枪……命兵仗局铸造式样，试验之。"[34]这种改进的两头铜铳，提高了发射速度。另外，还有十眼铳，据《武备志》记载，此铳两头一次共计可装填十眼，"十眼装完，自口挨眼，番转点放"[35]，能连续施放十铳。此外，还有三捷神机、五雷神机铳、八斗铳等，都类似这种铳。如五雷神机铳，其柄上安装有五个铳管，"一铳放后，轮对星门再放"，可以连续施放五铳[36]。

弘治年间，明政府在北京城内建立盔甲厂和王恭厂，隶属于军器局。王恭厂是主要制造火器的大型军工厂。至嘉靖四十三年（1564），两厂各类工匠达9200余人，根据不同季节，工匠分两班制造火器和其他军器[37]。由此可见，明代北京火器、兵器制造之盛况。

正德末年，佛郎机传入中国。嘉靖八年（1529），明朝开始仿制佛郎机炮，此炮"以铜为之。长五六尺，大者重千余斤，小者百五十斤，巨腹长颈，腹有修孔。以子铳五枚，贮药置腹中，发及百余丈，最利水战"[38]。此乃当时世界上最先进的火炮。

这种使用子铳和提心后装火铳火炮，是火器发展史上的一个极大进步[39]。例如百出先锋炮，"仿佛郎机炮而损益之也。火器莫利于佛郎机，大率筒长三尺有奇，而小炮则止于五。夫筒之长以局其气，使发之迅也。小炮五，以错其用，使迭而居也。先锋之制，则损其筒十分之六，状若神机。而加小炮以至于十，曰气可局而用不使有余也，炮可错而用不使不足也。用则系火绳于筒外，而纳火炮于筒内，毕即倾出之，连发连纳，十炮尽则更为之，循环无间断也"[40]。

明朝末年，徐光启和德国传教士汤若望受命在皇城设置炮场，研制新式西洋火炮。崇祯末，汤若望造就可装40磅炮弹

的重炮20余门，小炮500余门。除了这些西式火炮外，明朝还创制了火妖、火弹、火砖、毒龙喷火神筒、神行破阵猛火刀牌等燃烧火器，水雷、地雷、炸弹等爆炸火器，以及各种管形火器和火箭。崇祯十六年（1643），由汤若望口述、焦勖整理的《火攻挈要》写成，此书对火炮的冶铸制造、保管运输、演放及火药配制、炮弹制造均有详细阐述，反映了明代火器技术已经达到了相当高的水平。

三、清代火炮与火药制作技术

（一）发展状况

清前期京师的火炮与火药制造业很繁荣，除少量制造传统冷兵器如刀、矛、弓、盔、甲之外，集中制造火炮、鸟枪等新式火器。其中造炮业的规模最大。

顺治初年，驻京八旗均设炮厂、火药厂制造火器。当时的炮厂，镶黄、正白、镶白、正蓝旗各有房35间，设于镶黄旗教场空地。正黄、正红旗各有房30间，设在德胜门外。镶红、镶蓝旗各有房23间，设在阜成门内。火药厂，镶黄、正黄旗在安民厂有房12间，余六旗共20间，设于天坛后。安民厂缘儿胡同局和安定门局为收贮炮位的场所。

顺治初年，工部设濯灵厂，"委官制火药，特命大臣督之"[41]。年产量约在50万斤以上，其中军需火药30万斤，烘药4000斤，演放火药二十余万斤，烘药二三千斤[42]。濯灵厂"设石碾二百盘，每盘置药三十斤为一台，每台碾三日者以备军需，碾一日者以备演放枪炮。豫贮军需火药，以三十万斤为率，随用随备"[43]。康熙三十一年（1692）题准："八旗试演枪炮火药，移濯灵厂收贮取用。"[44]雍正二年（1724）奏准："军需火药存贮已过十年者，许改作演放火药，陆续取用，其额贮之数，即行补造。"[45]清代火药的配方也日趋标准化，接近现代火药水平（详见附表）。

附表：明清火药配方表

名称	硝酸钾（％）	硫黄（％）	木炭（％）
明初鸟铳药	71.4	14.3	14.3
明初大炮药	78.7	7.9	13.4
明中叶火药	75.8	10.6	13.6
乾隆十八年火药	80	10.51	9.88
乾隆十八年烘药	83.18	14.75	2.07
嘉庆二十三年火药	77.8	9.7	12.5
嘉庆二十三年烘药	78.4	9.8	11.76
道光十九年火药	74	11	15
现代标准火药	75	10	15

资料来源：胡建中：《清代火炮》（续），《故宫博物院院刊》1986年第4期。

康熙朝在京师设立了三个造炮地点，一是养心殿造办处，一设于景山，两处所造之炮均称"御制炮"，主要供京城和八旗兵使用。再一处设于铁匠营，制造铁炮，供绿营兵用。养心殿造办处是清代最大的中央造炮所，较重要的炮位，由皇帝亲自指定官员前往监造，一般则由工部委派，但每年造多少炮，视情况而定，并无常制。

清前期火炮制作以康熙时期所造质量最好，数量也最多，而且有统一的标准和要求。从康熙十四年至六十年（1675—1721）的40余年间，有明文记载的各种火炮近千门之多，不仅有威力巨大的"神威将军"炮、口径达210毫米的"威远将军"炮，而且也有携带使用方便轻巧的子母炮、奇炮等。清代火炮生产在17世纪末叶趋于自产化、制式化，并明显向"轻利便涉"的方向发展[46]。

康熙朝后，火炮铸造业开始走下坡路。雍正朝仅造炮三十位，乾隆朝，八旗汉军共贮炮559位，很少新造。嘉庆四年（1799），曾改造160门前朝铸造的"神枢炮"，改后美其名曰"得胜炮"，施放结果反而是"以多易少"。本来，"神枢炮"配足火药，射程可达百步，改造以后的"得胜炮"火药配量更多，射程反而不及百步。道光二十一年（1841），清政府居然搬出康熙帝在1718年制定的炮样和1667年宫中旧存西洋制造的二门火炮为模式，命令造办处"照样铸造"。所铸之炮命名"神捷将军"，但此炮经僧格林沁施放，其功能与康熙五十年（1711）所造的威远炮一般，毫无改进。以至于1840年英舰来犯时，清军能拿出应战的还是清初制造的陈朽火炮，制炮业之衰落可想而知。

咸丰年间，清政府在军火业方面，首先是加紧军需火药的生产。制造火药需用大量的原料——硝磺。为此，清政府一再谕令禁止私自贩卖硝磺。咸丰三年（1853），又谕："给事中雷维翰奏请饬严拿私贩硝磺，以防影射而杜接济一折……亟应明定章程，严行惩办，着直隶山西各督抚、顺天府府尹，于出产硝磺之处，认真查核，严辑究办，并着各直省一体查拿，毋稍徇隐。"[47]军需火药的生产过程，《光绪大清会典事例》上有详细记载："配造军需火药，先期熬硝，每锅一百二十斤，去其矾碱，入小铁锅内，候冷扣成硝它（演放火药，不扣硝它），又将净磺块碾干，用细绢罗筛成细磺面，又将柳木炭入窑烧红，以无烟为度。窑口覆大铁锅，闭封三日，取出入大铁槽碾轧，用极细绢罗筛成极细炭面。凡配药百斤，计用熬过净硝八十斤（仍熬化成水），炭面十二斤八两，磺面十斤，共一百二斤八两（二斤八两，豫备抛洒），先以炭面磺面搅匀，入会药库缸内，倾入硝水，以木楸搅匀如稀泥，晾冷定干，用小臿罗盛三十五斤，放石碾上碾轧，不时泼水，俟碾轧三次(演放火药,碾轧一次)。"⑱ "加工火药,全在煮炼硝斤……至提炼硝磺,宜于春季,造药必在夏初,取其昼长功倍。晒晾亦复得力,硝斤提煮三次,断不可少⑲。"为了弥补京师硝磺原料的不足,咸丰五年(1855)奏准:"试行提煮土硝,可得净硝四五成不等。"⑳

清代后期,工部铸造了一批重大铜铁炮位,重者达万斤,轻者有200斤重。咸丰六年(1856),"铸造万斤重大铜炮四位,九千斤重大铜炮四位,八千斤重大铜炮二位,钦定名号为威武制胜大将军。又铸三千斤重铁喷炮二十位,六百斤重铁炮五位,二百斤重铁炮七位"㉑。同治四年(1865),清政府奏准,"巡捕五营,调取马兰镇子母炮一位,仿照铸造五十尊"㉒。

19世纪60年代以后,清军中冷武器大刀、长矛和热武器前膛枪的使用越来越少,逐渐被西方资本主义国家传入的后膛毛瑟枪等新式武器所代替。据《民国贵县志》记载,"清代营兵军械,为弓、箭、腰刀、藤牌、牌刀……长枪、双手带刀、挑刀、抬枪、鸟枪之属,至大炮则有三百斤大炮、二百斤大炮、一百五十斤大炮、一百斤大炮,并有子母炮、鸟机枪,弹子则为大小生铁弹子及小铅弹子。迫清季编练新军,刀矛遂废"㉓。以枪炮取代刀矛,随之而来的是生产刀矛的手工工场被逐渐废止。

光绪二十八年(1902),管理北京火药局的松洤等奏请估修"多经拆毁"的火药局,光绪帝命陈璧"察看情形,择要核实估修"。陈璧经过"详细察看"后上奏说:"所有官厅堆拨库座鸳桥,均已拆毁,尽成瓦砾之场,即柱顶石片地基,亦难辨识,仅存西南围墙数十丈,大半塌闪碾盘臼子二十余座,亦多残失,与松洤等原奏大略相同……从前屡次修理,糜费虽多,卒难持久,今欲从新建造,事同创始……该局向用土法,人力制造土药,以供京营,及密云、察哈尔、热河、绥远城等处操防之用,然但施诸前膛各枪,一遇雨淋潮湿,便不适用,当日火器至此而止。至于今日,则人人目为钝货,各国嗤为弃物。若新式后膛毛瑟等枪弹,则用铜壳铅子中装洋火药,江鄂各局,皆能自制,北洋现将重新制造……今方议改新军,悉用后膛,而犹亟亟焉。修此制造土药之局,以供前膛各枪之用,臣愚窃以为无此办法。或谓该局能制夯药,即仿制洋法制造后膛药,旧有局座岂宜废置不修?不知制造洋火药,必用各项机器,安设机器,必须展拓房间,自非统筹全局,未易举办。今若照旧兴修,必不适用,仍须从新拆改,糜费转多,则此次工程不可不从缓议矣。"㉔可见,随着近代军火工业的建立和发展,旧式制造武器弹药的手工工场趋于衰落,并最终消失。北京火药局的倒闭,即是典型的例证。

(二) 火炮的类型与制造技术

清代火炮按其结构和装填弹药方式,大致分为两种类型:一为前装式,即火药和球形弹丸由炮口直接装入的火炮;二为后装式,由一门母炮和若干子炮(即雏形长体炮弹)组成,这种火炮的子炮从母炮后腹部装入。

两类火炮虽口径各异,长短、大小不一,但均系火绳点火,发射铅丸和铁弹,身管内无膛线,全都为滑膛火炮。炮体一般用铜或铁铸就,外镶加强箍数道,以增抗压力,中部稍后两旁置耳轴,用以支撑、平衡炮体和调整俯仰角度,增大火炮杀伤范围及火力机动性。前有准星(亦称"照星"),其中部或尾部安照门(俗称"缺口")。清文献上常将两者省称"星""斗","乃炮位之高下,偏正之准绳,不可稍有参差"㉕,是供射击瞄准、提高命中率的重要装置。火门(装填烘药和点火用的小孔)开在炮膛极底部,如靠前易炸膛,靠后则燃速慢。大多炮位还配有相应的炮车、炮架、下施轮,这样前后"左右推挽惟所宜",但有些火炮则只以炮车等作为承载运行的工具,在现场演放或实战中，则弃之不用㊱。

前装式火炮主要有神威大将军炮、神威无敌大将军炮、神威将军铜炮、四环铁炮、木镶铜铁心炮、威远将军铜炮、龚振麟铁炮、威远将军铜炮（臼炮）、信炮。前装式火炮射程远，威力大，身管较长，约为口径的20倍。这类火炮工艺精湛，造型威严、美观，铜质细腻。尤以神威将军铜炮为最，它代表了当时的铸造技术水平。前装式火炮的主要缺点在于发炮费时费力，往往贻误战机，而且火力有间隙，给对方以可乘之机。

后装式火炮则较好地解决了再次装填的困难，从而赢得了时间和战争的主动权。一弹发出，立即再装一弹，"递发之相续而速"㊲，故亦称为初级速射炮。后装式火炮主要是属于佛郎机系统的子母炮、木把子母炮、奇炮等。清代制作的后装式火炮，形成了自己的特色，从身管外形来看，已经不再是前部突然收缩成细管状，而是同炮膛一样，从尾底到炮口逐渐地有一定比例地形成圆锥体。这种火炮尽管威力有限（因所装的火药量毕竟较少），但它具备了近代火炮的许多优点，在有清一代的历次战争中使用的时间最久、范围最广。它们亦是最后一批退役的古代火炮㊳。

四、小结

综上，冷兵器是生产力水平较低时的主要作战工具。随着生产力的发展，冷兵器经历了由石兵器、铜兵器到铁兵器的发展过程。在北京地区，金元以前是冷兵器发展的重要时期，冷兵器制作技术有了较大发展。金元以降，北京地区进入冷兵器与火器并用时代，火器开始进入实战，在明代嘉靖至清代前期火器发展异常迅速，制造方法与技术逐渐完备成熟。清代后期，火器发展日趋缓慢，甚至停滞不前。

① 章人英主编：《中华文明荟萃（上）》，上海人民出版社，2013年，第310页。

② 北京市文物管理处：《北京地区又一重要考古收获——昌平白浮西周木椁墓的新启示》，《考古》1976年第4期。

③ 苏天钧：《略谈北京出土的辽代以前的文物》，《文物》1959年第9期。

④ 文物编辑委员会编：《文物考古工作十年1979—1989》，文物出版社，1991年，第8页。

⑤ 河北省文物管理处：《河北易县燕下都44号墓发掘报告》，《考古》1975年第4期。

⑥ 北京市古墓发掘办公室：《大葆台西汉木椁墓发掘简报》，《文物》1977年第6期。

⑦ 北京钢铁学院《中国冶金史》编写组：《大葆台汉墓铁器金相检查报告》，见中国社会科学院考古研究所编：《北京大葆台汉墓》，文物出版社，1989年，第125－126页。

⑧ 季如迅：《中国手工业简史》，当代中国出版社，1998年，第95页。

⑨《晋书》卷一百六《石季龙载记上》。

⑩ 朱志刚：《房山区小十三里村西晋墓》，《北京考古信息》1991年第1期。

⑪ 陆敬严：《中国古代兵器》，西安交通大学出版社，1993年，第163页。

⑫（清）严可均辑：《全上古三代秦汉三国六朝文》，收入《全后汉文》卷九十二。

⑬（宋）叶隆礼：《契丹国志》卷二十四《王沂公行程录》，上海古籍出版社，1985年，第231页。

⑭《辽史》卷三十八《地理志二》。

⑮（宋）叶隆礼：《辽志·衣服制度》，中华书局，1985年，第226页。

⑯ 杨复吉辑：《辽史拾遗补》卷五引《燕北杂记》，中华书局，1985年，第133页。

⑰（宋）宇文懋昭：《大金国志校证》卷十四《海陵炀王中》，中华书局，1986年，第197页。

⑱⑲《元史》卷二百三《列传第九十·方技·工艺》。

⑳ 何孟春：《余冬序录》卷五《外篇》。

㉑《金史》卷一百十三《赤盏合喜传》。

㉒《金史》卷一百十六《蒲察官奴传》。

㉓㉖《元史》卷二百三《方技传（工艺附）》。

㉔《元史》卷九十八《兵志一》。

㉕（宋）郑所南：《心史》，民国据明刻本校印，第155页。

㉗（元）张宪：《玉笥集》卷三《古乐府·铁炮行》，四库全书本。

㉘《元史》卷一百四十五《达礼麻识理传》。

㉙王荣：《元明火铳的装置复原》，《文物》1962年第3期。

㉚㊳《明史》卷九十二《兵志四》。

㉛（明）沈德符：《万历野获编》卷十七《兵部》，中华书局，1959年，第433页。

㉜（明）邱濬：《大学衍义补》卷一百二十二《器械之利》下，京华出版社，1999年，第1058页。

㉝（明）茅元仪：《武备志》卷一百二十六《火器图说五》，华世出版社，1984年，第5177页。

㉞《明英宗实录》卷一百八十五"正统十四年十一月壬辰"，中国台北"中央研究院"历史语言研究所校印，1962年，第3691页。

㉟（明）茅元仪：《武备志》卷一百二十五，华世出版社，1984年，第5150页。

㊱（明）茅元仪：《武备志》卷一百二十五，华世出版社，1984年，第5151页。

㊲万历《大明会典》卷一百九十二《军器、军装一》。

㊴刘旭：《中国火药火器史》，大象出版社，2004年，第79页。

㊵（明）陈子龙等：《明经世文编》卷二百二十三《置造火器疏》，中华书局，1962年，第2343页。

㊶《清朝文献通考》卷一百九十四《兵十六》。

㊷胡建中：《清代火炮》（续），《故宫博物院院刊》1986年第4期。

㊸㊹㊺《嘉庆大清会典事例》卷六百八十六。

㊻㊺㊽胡建中：《清代火炮》，载《故宫博物院院刊》1986年第2期。

㊼㊿《光绪大清会典事例》卷八百九十七《工部·军火》。

㊽《光绪大清会典事例》卷八百九十五《工部·军火》。

㊾《光绪大清会典事例》卷八百九十六《工部·军火》。

㊿○○《光绪大清会典事例》卷八百九十四《工部·军火》。

○梁崇鼎等：《民国贵县志》卷四，引自彭泽益：《中国近代手工业史资料（1840－1949）》第二卷，三联书店，1957年，第503－504页。

○（清）陈璧：《望嵩堂奏稿》卷三《遵旨察看火药局情形敬陈管见折》，《近代中国史料丛刊第十辑》，文海出版社，1967年，第265－267页。

○《清宫内务府造办处各作成做活计清档·枪炮处》，乾隆三十二年九月十六日。

○《光绪大清会典图》卷一百《武备十》。

（作者单位：北京市社会科学院历史研究所）

北京国子监康熙御书圣经石刻初探

王琳琳

一、圣经石刻概况

北京国子监内康熙御书圣经石刻为石屏状，由七方条石组成，下有碑座（图一）。碑身高212厘米，宽548厘米，厚31.5厘米，碑座高133厘米，宽546厘米，厚50厘米。碑阳为康熙皇帝亲笔手书儒家经典《四书》之首《大学》；首题"圣经"二字；之后为《大学》"经"一章，前22行每行9字，第23行7字，共205字，为节省篇幅暂不录文；最后落款为"康熙三十三年岁在甲戌仲夏谷旦书"；碑上钤章为"广运之宝""体元主人"和"万几余暇"。"碑阴刻排类校对官：经筵讲官、文华殿大学士兼礼部尚书臣张英，经筵讲官、礼部尚书臣陈廷敬，经筵讲官、刑部尚书臣王士祯，经筵讲官、工部尚书臣王鸿绪，都察院左副都御使臣励杜讷，礼部左侍郎、仍兼国子监祭酒事臣邵穆布，兵部侍郎臣胡会恩，礼部左侍郎、仍兼国子监祭酒事臣孙岳颁，日讲官起居注、詹事府少詹事、兼翰林院侍讲学士臣张廷瓒，日讲官起居注、翰林院侍讲学士臣陈元龙，兵科掌印给事中臣朱骏业。监造官：养心殿监造六品官兼景山火器总管臣赵昌，养心殿监造兼内务府广储司司库臣强国忠，养心殿监造兼内务府广储司司库臣王道化，武英殿监造、内务府会稽司管理钱粮员外郎臣赫世亨，武英殿监造、内务府广储司主事臣张常住。镌刻：鸿胪寺序班臣朱圭，内务府序班臣梅裕凤。"[①]碑文为康熙皇帝用行书写就，一气呵成，笔力深厚，气韵流畅，风骨犹存，可与历代名人书法相媲美，更是历代帝王书法中的珍品。

二、圣经石刻搬迁

康熙三十三年（1694）圣经石刻刊刻后立石于国子监彝伦堂内，南向（图二）。彝伦堂是国子监的主要建筑，在辟雍建成之前，皇帝在此设座讲学，彝伦堂前的露台是国子监监生上大课的地方，状元率领新科进士来此拜谢祭酒、司业，举行释褐簪花礼。辟雍建成后，彝伦堂内的暖阁是皇帝来国子监临雍讲学时休息和更换衣服的场所。彝伦堂的重要性可见一斑。清代彝伦堂内陈列着皇帝敕谕匾、皇

图一 现存于国子监十三经碑林内的圣经石刻

图二 圣经石刻在彝伦堂内旧照

帝御书大字匾额和重要石刻17通。关于清代彝伦堂，道光版《钦定国子监志》这样记载：

> 后为彝伦堂，堂七间，南向。……堂前中壁恭勒圣祖仁皇帝御书圣经石刻。……堂中左右恭立乾隆六十年高宗纯皇帝《御制说经文》石刻十三座。……其东西隅恭立乾隆六十年《御制石刻蒋衡书十三经于辟雍序》清、汉文石刻各一座。……西南石刻一座，恭刊《御制丁祭释奠诗》。②

中华人民共和国成立之初，孔庙国子监被占用，1955年4月机床厂迁出，9月市总工会职工学校迁走。1955年国子监规划作为图书馆馆舍使用，1956年为了给图书馆腾出更多的收藏和借阅空间，将原六堂内"乾隆石经"及彝伦堂、敬一亭等处的所有碑刻，统一迁移至国子监与孔庙之间的垛垣（图三）。彝伦堂内的圣经石刻搬迁后陈列于垛垣最北端，南向。搬迁后的圣经石刻裸露于室外，没有得到足够的重视和保护，据孔庙和国子监博物馆退休老同志说，当年杂草丛生，没过膝盖，各种小动物经常出没。荒凉景象可见一斑。

20世纪80年代初首都博物馆曾为垛垣内石刻建造了一个简易石灰瓦棚，并单独为圣经石刻盖了玻璃罩加以保护，圣经石刻不必经受风吹雨淋，陈列环境有所改善（图四）。

通过与彝伦堂内圣经石刻旧照相对比，可以发现，圣经石刻原来的高浮雕龙纹边框搬迁后不见了。关于这个情况，笔

者一直没有找到相关资料记载，俟将来再查考。

图三 1956年石刻搬迁场景

图四 加玻璃罩保护的圣经石刻

三、圣经石刻修复

2011年遵循北京市政府下发的《关于大力推动首都功能核心区文化发展的意见》中"孔庙、国子监进行文化功能复兴，修建高规格、高品位、高质量的'进士碑展示廊'，'十三经碑林展示廊'"的意见，孔庙和国子监博物馆对垛垣内石刻陈列环境进行了全面的修缮整治。为配合整体陈列环境整治，2011年9月将圣经石刻由垛垣北端朝南搬至北端朝东。

圣经石刻自康熙三十三年立石至今已逾三百二十年，大部分时间都保存于室内，碑刻状况基本完好。但由于反复拓印和石材问题，石刻上第五条屏第一行最后两个字"诚意"漫漶严重，一些笔画已经

国家图书馆拓片　　修复前　　　修复后

图五　圣经石刻修复前后对比

模糊不清。2012年7月邀请首都博物馆文物修复技师对"诚意"二字加以修复。修复后，二字虽完整，但笔画呆板，尤显生硬，尤其"意"字，结构不稳（图五）。

四、圣经石刻意义

康熙帝（1661—1722年在位），也是定都北京后第二位皇帝。康熙皇帝作为少数民族入主中原，在其青少年时期，主动接受儒家经典的教育，首开经筵日讲，学习儒家四书五经，尤其重视"四书"之首《大学》的学习，以修身为本，进而治国平天下，建立其"帝王之学"，为清朝统治开创盛世。

康熙帝八岁登基，自幼一直由祖母孝庄皇太后教育抚养。但他"幼年所受的教育则偏重于满洲部族的语文及习俗，所受的汉文教育则不完整。据朝鲜李朝实录记载，孝庄皇太后甚厌汉语语文，或有儿孙辈习汉俗者，则以为汉俗盛而胡运衰，而辄加禁抑"[3]。康熙帝幼年时的教育并不重视汉文化学习，也没有打下一个坚实深厚的基础。但在登基尤其是十四岁躬亲大政之后，他有意学习儒家经典，尊孔崇儒，勤勉学问：

朕八岁登极，即知黾勉学问。彼时

教我句读者，有张、林二内侍，俱系明时多读书人。其教书惟以经书为要。至于诗文则在所后。及至十七八，更笃于学。逐日未理事前，五更即起诵读，日暮理事稍暇，复讲论琢磨，竟至过劳，痰中带血，亦未少辍。[4]

康熙帝的汉文教育启蒙老师最初仅是张、林二位太监，但不够精深，张、林的教导远远不能满足其要求。"于康熙九年（1670），即着手准备经筵日讲，经筵日讲官则以内阁大学士、学士、六部侍郎、尚书等熟悉儒家经典的儒臣为主"[5]。也就是在康熙帝十七八岁的青少年时期，他有意识地注重儒家经典的学习，选拔熟读儒家经典和历史典籍的翰林官员充任讲官讲授儒家经典。研习儒家经典对于康熙帝来说不仅仅是学习汉文化知识，而是他要以儒家"内圣外王"的政治理想治理国家，并以继承儒家的"道统"来证明清朝入主中原"治统"的合法性。康熙的尊崇孔子、学习儒家典籍有其极高的政治目的。

经筵日讲由翰林院掌管，每日于弘德殿举行日讲，进讲四书，讲授内容于康熙十六年（1677）御定成书为《日讲四书解义》。在《日讲大学解义》中将《大学》分为"大学之道"等三十六章节，开篇即言：

大学一篇，为古帝王立学垂教之法，孔子详举其次第以示人，曾子复分为十传以解之，规模广大而本末不遗，节目详明而终始不紊，在初学为入德之门，而极其至，则内圣外王不越乎是。[6]

明确指出《大学》是"古帝王立学垂教之法"，而一心开创盛世的康熙帝定然要学习《大学》。"在初学为入德之门，而极其至，则内圣外王不越乎是"更是康熙孜孜以求的"内圣外王"之道。

这样一部指向"外王"之道的儒家经典，康熙帝一定是烂熟于胸，也一定无数次抄写。"朕自幼嗜书法，凡见古人墨迹，必临一过，所临之条幅手卷将及万余……大概书法，心正则笔正，书大字如小字。此正古人所谓心正气和，掌虚指实，得之于心而应之于手也"⑦。他喜爱书法，在上面也下了很大的功夫。

在《清实录》《康熙起居注》等文献上都没有查找到康熙三十三年夏天书写《大学》刊刻于石、陈列于国子监彝伦堂的记载。但我们可以推想，康熙帝驭宇三十三年：平定三藩之乱、收复台湾、反击沙俄之后……人到中年，回味少年时代学习的儒家经典《大学》，体会其中的修身治国之道，一定更有感触。

康熙皇帝将手书《大学》刻石立于国子监，主要有两方面用意：

第一，康熙帝以儒家"道统"继承人自居，以证明清朝入主中原"治统"的合法性。清朝一直因异族入主中原而备受排斥。清朝统治者不断学习汉文化，从表面的衣食住行到深层的儒家文化，都在极力学习。唐代韩愈在《原道》中认为儒家有一个代代相传的道统："斯吾所谓道也，非向所谓老与佛之道也。尧以是传之舜，舜以是传之禹，禹以是传之汤，汤以是传之文、武、周公，文、武、周公传之孔子，孔子传之孟轲。轲之死，不得其传焉。"康熙帝努力学习儒家经典，更以"大学"之道治理国家，他自认是朱熹以来儒家"道统"的传人，进而也接续了统治中原的"治统"。在《日讲四书解义》序中康熙言："朕惟天生圣贤，作君作师，万世道统之传，即万世治统之所系也。""道统在是，治统亦在是矣。历代贤哲之君，创业守成，莫不尊崇表章讲明斯道"⑧。康熙帝将儒家的"道统"与二帝三王的"治统"合二为一，以接续"道统"而证明其"治统"之合法性。

第二，在国家最高学府立石《大学》，意在笼络士子，凝聚人心，维系统一。国子监是元、明、清三代最高学府，全国最优秀的知识分子都在此读书。凝聚士子、为我所用的最好办法就是让天下士子都看到，清朝的最高统治者不仅研习儒家经典，而且以儒家思想治国安邦。康熙帝掌权后，在巩固其先祖"武功"上的成就外，更重视开创"文治"的局面，重用汉族知识分子修《明史》，编《康熙字典》，进而缓解满汉矛盾，巩固其统治。

五、结语

康熙二十三年（1684），康熙帝临幸山东阙里，亲诣曲阜孔庙，行三跪九拜之礼，书"万世师表"匾，下诏颁发全国各省学宫孔庙悬挂。康熙皇帝开清代皇帝祭孔颁匾之先河，此后历代清朝皇帝都要来孔庙祭孔题匾，北京孔庙大成殿至今悬挂着从康熙至宣统九方御制匾额。孔庙国子监康熙御制的"万世师表"匾和康熙御书圣经石刻是清朝统治者尊孔重儒之先导，康熙御书圣经石刻更是清朝统治者学习儒家典籍、继承儒家"道统"、以儒家"大学之道"治国安邦的重要实物佐证。

---

① （清）文庆、李宗昉等纂修：《钦定国子监志》，北京古籍出版社，2000年，第925页。

② （清）文庆、李宗昉等纂修：《钦定国子监志》，北京古籍出版社，2000年，第111页。

③ 刘家驹：《儒家思想与康熙大帝》，中国台湾学生书局，2002年，第8页。

④ 《钦定四库全书荟要》卷七千八百三十一《史部·圣祖仁皇帝庭训格言》，吉林出版集团，2005年，第185—4、185—5页。

⑤ 刘家驹：《儒家思想与康熙大帝》，中国台湾学生书局，2002年，第37页。

⑥ 《日讲四书解义》卷一《大学》，康熙十六年武英殿刻本，第1页。

⑦ 《钦定四库全书荟要》卷七千八百三十一《史部·圣祖仁皇帝庭训格言》，吉林出版集团，2005年，第185-43页。

⑧ 《日讲四书解义》序，康熙十六年武英殿刻本。

（作者单位:北京孔庙和国子监博物馆）

清代《巡视永定河御制诗碑》解读

——兼梳理乾隆初期对永定河治理

李　巍

一、碑刻基本情况

"石景山西南有敕建北惠济庙"①。此庙位于今石景山区首钢氧气厂内，已不存。清雍正七年（1729），因治理永定河，在石景山上，世宗皇帝命建庙以答神庥，赐名北惠济庙。殿内曾悬挂雍正皇帝御书匾额"安流泽润"，殿前御书匾额"畿辅安澜"。庙门内建碑亭一座，刊刻雍正十年（1732）御制碑文，碑阴刊刻乾隆十八年（1753）、乾隆二十九年（1764）御制诗二首；真武殿后建碑亭一座，两面分别刊刻着乾隆十五年（1750）、乾隆二十年（1755）御制诗各一首。1995年，北京石刻艺术博物馆进行石刻普查时，北惠济庙内只矗立着雍正年的碑刻。真武殿后的乾隆御制诗碑早已被北京市文物研究所征集，于1987年调拨北京石刻艺术博物馆收藏。

北京石刻艺术博物馆现存的乾隆年《巡视永定河御制诗碑》，螭首方座，通高501厘米，宽118厘米，厚41厘米。碑身两侧为行龙腾云浮雕（图一），碑身阳面、阴面的四围边框线刻二龙戏珠纹饰。碑座为方座，浮雕

图一　碑身侧面图案

图二 碑阳

图三 碑阴

二龙戏珠图案。碑阳为乾隆十五年三月摹勒。落款为："乾隆庚午春三月阅永定河堤因示直隶总督方观承之作"（图二）。碑阴为乾隆二十年巡视永定河诗刻（图三）。碑阳、碑阴诗刻均为乾隆皇帝御笔。碑阳镌印两方，一方印篆书"政在新民"，另一方印篆书"乾隆御笔"。碑阴镌印两方，一方印篆书"惟精惟一"，另一方印篆书"乾隆宸翰"。

《（乾隆）永定河志）》中记载："北惠济祠碑亭一座，乾隆十五年三月建。敬刊皇上御制《阅永定河诗》一章、御制《阅永定河堤示直隶总督方观承之作》一章。"[②]

碑阳录文：

水由地中行，行其所無事。要以禹為師，禹貢無堤字。後世乃反諸，祇惟堤是貴。無隄免冲決，有隄勞防備。若禹豈不易，今古寔異勢。上古田盧稀，不與水爭利。今則尺寸爭，安得如許地。為隄已末策，中又有等次。上者禦其漲，歸漕則不治。下者卑加高，隄高河亦至。譬之築寬牆，於上置溝渠。叶 行險以儌倖，幾何其不潰。胡不籌疏濬，功半費不貲。叶

因之日遷延，愈久愈難試。兩日閱永定，大率病在是。叶 無已相咨詢，為補偏救弊。下口略更移，取其趨下易。培厚或可為，加高汝切忌。多為減水壩，亦可殺漲異。取土於河心，即寓疏淤義。河中有居民，究非長久計。相安姑弗論，宜禁新添寄。條理尔其覈，大端吾略示。桑乾豈巨流，束手煩計議。隱隱聞南河，與此無二致。未臨先懷憂，永言識吾意。

乾隆庚午春三月閱永定河隄因示直隸總督方觀承之作

碑阴录文：

永定本無定，竹箭激濁湍。長源來塞外，兩山束其間。挾沙下且駛，不致為災患。一過蘆溝橋，平行漸就寬。散漫任所流，停沙每成山。其流複他徙，自古稱桑乾。所以疏剔方，不見紀冬官。一水麦難成，亦時災大田。因之創築隄，聖人哀民

艰。行水属之淀，荡漾归清川。其初非不佳，无奈历多年。河底日以高，隄墙日以穿。无已改下流，至今凡三迁。前岁所迁口，复欵门限然。大吏请予视，万目徒忧煎。我无禹之能，况禹未治涿。讵云其可再，不过为补偏。下口依汝移，目下庶且延。复古事更张，寻思有所难。

乙亥暮春阅永定河作

永定河古所称一水一麦之地。康熙三十二年始事筑隄。而下流入淀，挟沙易淤，故下口数徒。康熙年间由柳汊口，雍正年间由三角淀，近年改由冰窖，今复渐淤。捴督方观承建议，移下口于北隄之东。因亲临视。诗以纪之。乾隆御笔。

永定河自石景山以下，逐渐流入开阔平原地带，土质疏松，河水汹涌奔腾至此又裹挟泥沙奔涌向下游，汛期到来造成下游村庄田亩淹没。这里是防御和疏浚的要地。清康熙三十二年（1693），石景山以下开始修筑堤防。雍正年建北惠济庙，以区别卢沟桥附近的南惠济庙。乾隆皇帝登基以来，十分重视永定河沿岸工程，多次亲临现场勘察，立碑以纪，昭示方略，督促臣工尽职尽责。《日下旧闻考》曾记载门内碑亭有额，乾隆御书"谟肇恬波"。

二、永定河源流及水文特性

碑阴乾隆二十年诗云："永定本无定，竹箭激浊湍。长源来塞外，两山束其间。挟沙下且驶，不致为灾患。一过卢沟桥，平衍渐就宽。散漫任所流，停沙每成山。其流复他徒，自古称桑干。"恰恰总结了永定河的源流和河水的特性。

永定河，上游称桑干河，发源于山西省宁武县朔城区，流经山西省山阴、应县、大同等十三个市县，于阳高尉家小堡出山西省界。在河北省阳原、宣化进入石匣里山峡，中途纳入多个支流，于怀来县朱官屯汇合源于内蒙古的洋河，进入北京市境内，贯穿门头沟区，出三家店，流经石景山区、丰台区、大兴区、房山区，经

河北省固安县、廊坊市、安次县、永清县、天津市武清县，出三角淀经屈家店，汇合海河流向渤海。全长681公里，平均宽度91公里，流域面积4.7万平方公里。

永定河上游属于山峡地貌，两岸峡谷纵横，群山耸立，是太行山余脉和燕山山脉相交汇处。河水顺两山谷地东南向流，沿途纳入诸路泉溪涧水，水势逐渐增多下移，进入北京市，经门头沟区三家店，过石景山，一路向南地势渐低，河水开始流入地形开阔平缓区域，过卢沟桥就进入了大平原区域。史志中对永定河水性均有记载："永定河汇边外诸水，挟泥沙建瓴而下，重峦夹峙，故鲜溃决。至京西四十里石景山而南，迄卢沟桥，地势陡而土性疏，纵横荡漾，迁徙弗常，为害颇巨。"③"永定河性浊而悍，挟沙而行，伏秋汛发，其急如箭，东荡西决，倏忽变迁。"④其"汇诸水，奔流湍急，泻峡穿陵，而不虑为灾，则两岸群山足以约束之。此正如黄河自陕州以上，率由壑谷中行，故流多顺轨，皆因地势使然"⑤。永定河水含沙量大，到了夏季、雨季，尤其大水年，更是裹挟着上游的大量泥沙汹涌而下。

自金代、元代一直到明代，政府因考虑永定河水有可能浸泛京师，只是在石景山至卢沟桥一段相继修建了土坝、石坝。对卢沟桥以南则是任其散漫，没有任何修防措施。上游为山势所阻，过石景山后，地势平缓开阔，河流雷鸣电掣一般向下游直泻，肆意纵横，"故宛、良、涿、新、雄、霸、固、永之间，久为患苦"⑥，也就是现在的丰台区、大兴区、房山区的良乡及河北省涿州、新城、雄县、霸州、固安、永清等地一到汛期，洪水泛滥严重，肆意漫流，村庄、房屋、农耕地都被水淹，方圆百姓深受其害。

三、永定河筑堤始于清康熙朝

诗云："因之创筑堤，圣人哀民

艰。"永定河堤防约自金代开始，从石景山以下筑堤以防都城被淹。金、元时代大都是土堤。明代在险工处修建石堤。永定河大规模地修筑堤防，疏浚开挖河道始于清朝康熙年间。清康熙三十二年政府开始修堤护防的筹划和准备。康熙三十一年（1692）二月上谕："浑河堤岸久未修筑，各处冲决河道渐次北移。永清、霸州、固安、文安等处时被水灾，为民生之忧。可详加察勘、估计工程，动正项钱粮修筑，不但民生永远有益，贫民借此工值亦足以养赡家口。"⑦《日下旧闻考》注中有"永定筑堤始自康熙三十二年"之语。康熙三十七年（1698），巡抚于成龙受命大规模地修筑防护石堤，疏浚河道。南岸从良乡县老君堂村起，至永清县郭家务村止；北岸从良乡县张庙场起，至永清县卢家庄止，筑堤长一百八十余里；挑浚河道一百四十余里，从卢沟桥至河北省永清县朱家庄，汇郎城河，达天津入海。康熙皇帝亲临巡视，指授方略，赐名永定河。从此"横流始有涯岸"⑧。康熙三十九年（1700），因郎城河口淤垫，又于南岸另挑一河。康熙四十年（1701），在宛平县南、竹络坝北（今房山区窑上村）永定河右堤修建了草闸一座（今天的金门闸附近）。自老君堂挑挖小清河，引牤牛河水注入竹络坝沙堤内，达到"借清刷浑"的方略。康熙四十六年（1707）又将草闸改为石闸，即现存的金门闸。《清史稿》记载："康熙四十六年建金门石闸，后废。乾隆三年移建南二汛，改减水石坝，仍曰金门闸"⑨。然而，自建成之日至雍正二年（1724），金门闸仅使用了23年时间，即因永定河泥沙量过大，河床日淤渐积渐高，已高出牤牛河床，形成倒流之势，原"借清刷浑"之法已不复可行，闸遂废弃。

诗云："行水属之淀，荡漾归清川。其初非不佳，无奈历多年。河底日以高，堤墙日以穿。无已改下流，至今凡三迁。"《日下旧闻考》注中有："永定下流入淀，挟沙易淤，故下口数徙。康熙年间由柳岔口，雍正年间由三角淀，近年改由冰窖，今复渐淤。"永定河虽然经过疏浚、建堤防护，相比于原来的无定散漫肆意，有了固定的河道约束，但是下游进入河北省，因河道年久，泥沙淤积，河水难以驾驭的水性仍然导致溃堤决口。在康熙三十七年至乾隆二十年的五十八年间，永定河下游被动改道六次。

四、乾隆朝初期治理永定河策略

诗云："为堤已末策，中又有等次。上者御其涨，归漕则不治。下者卑加高，堤高河亦至。譬之筑宽墙，于上置沟渠。行险以侥幸，几何其不溃。胡不筹疏浚，功半费不赀。因之日迁延，愈久愈难试。两日阅永定，大率病在是。无已相咨询，为补偏救弊。下口略更移，取其趋下易。培厚或可为，加高汝切忌。多为减水坝，亦可杀涨异。取土于河心，即寓疏淤义。河中有居民，究非长久计。相安姑弗论，宜禁新添寄。条理尔其蕆，大端吾略示。桑乾岂巨流，束手烦计议。隐隐闻南河，与此无二致。未临先怀忧，永言识吾意。"此段诗句不仅是感怀，也是乾隆皇帝治理永定河的基本指导思路。

1. 乾隆初期治理永定河

乾隆二年（1737），永定河上游东岸、北张客西岸、铁狗堤同时溃决，全流出槽。经协办大学士顾琮会同直隶总督李卫、河臣刘勷实地勘查，由卢沟桥一带起，至固安县属两岸，发现各口俱已涸出旱地。只有东岸的张客村漫口，因堤外洼下，比河底低数尺，所以全河之水百分之八十从此东注。其余百分之二十的水由南岸的铁狗漫口南流归淀。永定河水性湍悍，拥泥挟沙，善决善淤。因其迁徙无定，如遇水大之年，散漫于数百里。但是，深处不过尺许，浅处只有数寸。及至流到淀泊里，清浊相荡，沙淤多沉于田亩。即使民间有淹没，次年收麦之季，反而是丰收年，因而有"一水一麦之地"的称谓。

雍正朝的十多年间，大致都是以挑河筑堤为主要治理方案。两堤岸之间距离宽的不过二三里，窄的也就半里甚至几十米。遇到涨水之年极易溃决。况且下游的三角淀、王庆坨等地水缓沙沉，淤平不畅，逐渐使永定河身渐渐同高于堤身，水位高于民田。纵使加增堤岸，仍然是沙淤河床，水势愈高，犹如筑墙束水，不能悉由地中行，稍有漫溢，则冲出之水势若建瓴。而河床故道已多成旗民庐舍，治理起来有相当的难度。

顾琮等根据永定河当下的情势，提出了一个解决淤塞之患的方案："治水之法，当清上流以疏其势，广下流以导其归。"⑩仿照黄河建遥堤之法，留宽十里河身。顾琮在《畿辅河道情形疏》中提出："自筑堤束水以来，下口迫近潮汐，其淤愈速。堤日增而河日淤，河底已高于平地，近年河患所以尤甚。大凡治水之法，莫善于行所无事，故筑堤防水则可。若以堤束水，是与水争地，而贻后患也。"⑪

但是，对于治理永定河，大臣中也意见不一，各有主张。大学士鄂尔泰考察卢沟桥以上石景山一带，发现河底淤填，浮沙高积，卢沟桥洞以下低洼。迅疾奔腾的水势冲出桥洞，落差增大，溃决漂荡在所难免。所以主张"治堤不如浚河，筑高莫若挑浅，通河类然，不止永定上游"⑫，建议于半截河堤北改挖新河，又于半截河以上逐段挑挖，再于南北两岸建滚水石坝四座，各开引河一道，以达到"分流旁注、藉清刷淤"之目的。

乾隆三年（1738），因半截河以下地势低洼，积水汪洋，以至不能挑河筑埝，于是临时修筑南坦坡埝以隔淀水，长

四十九里。现任管理总河印务的顾琮又提出十里遥堤的方案："治浊流之法，以不治而治为上策。此外惟匀沙之法次之，如黄河之遥堤。"⑬顾琮认为，治河之法，要遵循水性的自然规律，这是不可改变的。但是在治理的过程中，根据实际情况也是随时可以变通的。依永定河含沙量大的特性，宜导引归河不宜排疏入淀；急于疏浚而不急于加筑。这是治理永定河不可改变的主导思想。至于工程的先后缓急，增建、改建水坝的多少，这是随时可以变通的。

乾隆三年，孙嘉淦调任直隶总督。孙嘉淦认为顾琮的十里遥堤之法不妥之处在于水大之年仍然会冲垮堤岸；再者迁徙堤内、堤外民舍徒劳无益，认为鄂尔泰的主张也只是权宜之计，永定河多沙的特性如果壅滞于出水口，水道不畅同样可以使下游溃决。他认为治理永定河应以因势利导、避免骚扰百姓为原则，具体实施：一、张客不必建石坝，只建草坝。于附近两岸根据地势建数座草坝，分泄水势，水缓就不会造成冲刷。二、南岸金门闸上下河道多建坝，北岸少建，使南泄之水长流。三、低洼村庄围堤保护。四、一切办理就绪，裁撤总河及相关人员职务，交由地方官负责。

岂料，这年凌汛过盛，竟由郑家楼残埝缺口流出，溢入沙家淀，而永定河下口乃自郑家楼逆折而北，拦截凤河、龙河、雅拔河三河下游，清流壅滞，并且离北运河不远，居民稠密，恐漕道有碍。于是孙嘉淦乃于金门闸上主持开挖重堤，挑浚河槽，使永定河全股注金门坝下旧减河内，将东股闭塞，令其专归西股蜈蚣河，转至中亭河，以达东淀。但是，凌汛异常汹涌，仍将固安、良乡、新城、涿州、雄县、霸州等各处田亩村庄冲淹。

乾隆六年（1741），河道总督顾琮对关于永定河治理方案专折上奏，提出五项实施方案。后经大学士鄂尔泰等商讨公议，认为顾琮茫然无定，左右迁移，实非

实心办事，未与批准。鄂尔泰关于半截河的方案也搁置中止。于是为一时权益补救之计，各滚水坝连年添建。

乾隆皇帝御极以来，因永定河常年泛滥大为头痛，此关系到京师的安危，关系到方圆百姓的安定。自古治水之法只有疏浚决排，以顺水性。但是从前野旷人稀，可以顺其弥漫。现今野无旷土，人烟稠密，所以取下策，筑堤拦截水势，此是不得不为之策。但是永定河水性湍悍，拥泥挟沙，易决易淤，仍然有必要找到经久从长的解决方法。但是，群臣上下悉心计议，多种方案，仍然是防不胜防，熟筹而难万全。

2. 方观承治理永定河

乾隆十三年（1748），方观承升任浙江巡抚。在巡抚任上，方观承多次亲赴现场勘察海塘工程。他发现海塘引河部分地段已涨沙成陆地，随后经过方观承反复勘验，丈量出可开垦之地三十五万余亩，并制定了相关管理制度，使得被淹难民得到了可以耕作的土地。方观承将此做法奏疏乾隆皇帝，得到赞许并予以实施。

乾隆十四年（1749），方观承升任直隶总督。上任之初，方观承便上疏乾隆帝，奏"永定河自六工以下，河形高仰，请就旧有北大堤改移下口，使水行地中，畅通无阻"[14]。

乾隆十五年春天，乾隆皇帝亲视永定河大堤，"御制诗示观承，大指谓河堤但可培厚，不可加高；略移下口，取易于趋下，亦补偏救弊之策"[15]，并将江南河道总督高斌的"豆瓣集漫口图"展示给方观承，并令其仿照治理永定河。而方观承则认为，永定河与豆瓣集的情形不同，豆瓣集为中河余水漫溢，所以可以选择在水缓处施工。而永定河南为月堤缺口，北为大堤漫口，南北相距很近。如果仅堵月堤，那么会使溢出的水无所去。仍然堵塞漫口，以达到引河流入故道。乾隆皇帝采纳了方观承的建议，同时也提出治河方针："向来河臣治堤，率以加高培厚为

请。朕以培厚尚可，加高则堤高，而河亦日与俱高，非长策也。其培堤取土，类取之堤外。朕谓就近取堤外之土，以益堤，堤增而地愈下。宜取河中淤出新土用之，则培堤即寓浚淤之义，似为两得。"[16]并且"河中淤地，穷民辄就播种，构草舍以居。水至则避去，虽不为害，而筑墙叠坝未免有填河之患。只以迁徙，非民所愿，不得已姑听之。而禁其后勿附益增廓"[17]。

方观承拟于北岸六工半截河改移下口，经与江南河督高斌会勘，改为由八工归叶淀、沙淀。挑挖疏浚不及一年，冰窖口却因凌汛掣溜，主河道出口不畅，坝门过水势猛，将坝口以下河身洗刷宽深，以致河水直趋。七八两工主河道五十余里，惟中段二十余里尚存河形，其头尾全部淤堵。于是又由冰窖口改挖引河，以顺其性。从得胜口至王庆坨南，挖引河长二十二里，穿淤高三角淀而东导入叶淀，以达天津归海。

乾隆十八年，方观承又奏请在永定河北岸六工尾开堤放水，自凤河流入大清河。随后又奏请在下口北埝外做遥埝，为均沙散水之用，并加筑凤河东堤，与遥埝相接。河沙淤地可用于耕种，沙散于大面积土地上，不会抬高河床。其实这也是顾琮在乾隆三年提出的治河思路的实施。

乾隆十九年（1754），永定河水涨势凶猛，从冰窖涣散分流，有一股水流直抵安澜城东七里旧南岸堤根之下。此处地形北低于南。于是决定在旧河身内斜挑引河二百丈，引南岸堤根之溜穿过旧河身，至北岸淘河葛鱼城等处，泻入北埝，使盛涨之水有所分杀，不只王庆坨一带可保无虞，但未及实施，伏汛、秋汛水势特大，直注下口，十日之内旧积新淤顿高八尺，阻塞洪路，泛滥为灾。

至乾隆二十年，又有永定河向北改道之议，此时南岸所建滚水坝已多于北岸，起初河身亦偏侧向南，旧南堤也低于旧北堤数尺，所以南趋为顺。时隔多年，逐渐加筑的南堤反而高于北堤数尺。像安澜城

就是最容易淤堵的地区，也高于北堤二尺，随时有险情发生的可能。

这时直隶总督方观承仍然奏请于北六工开堤放水。乾隆皇帝登临石景山，远眺永定河，无奈之举油然而生："我无禹之能，况禹未治浑。讵云其可再，不过为补偏。下口依汝移，目下庶且延。复古事更张，寻思有所难。"乃定于六工上游北岸贺尧营开洪字二十号堤，定为下口，改河北出，引其东去，因这里地势宽衍，下游可以直入沙家淀，南趋叶淀，仍合流于凤河，以达天津归海（图四）。

方观承在直隶总督任上长达二十年之久，其关于治理永定河水利的建议基本上得到了乾隆皇帝的认可并加以实施。

五、小结

从康熙三十七年开始，对永定河的治理始终没有停止过，但大都局限在石景山以下区域。而且因其善淤、善决、善徙的特征，始终是防不胜防，疲于劳作。到了乾隆后期，距卢沟桥五六里的下游区域也开始出现了淤塞的情况。

乾隆皇帝在诗中议古思今，因环境的变迁、人口的增长，治水策略难以两全。遵循古代圣贤治水的方法，不与大自然对抗，顺其水势疏导。这不仅符合物竞天择的自然规律，更符合儒家治政之论。但是，时过境迁，古今又有不同。"上古田庐稀"，"无堤免冲决"。而当时人口众多，沿河百姓依赖河水灌溉农田，还在河中淤地进行农耕劳作，贫民添盖一些简易的房屋居住。一旦洪水来临，就会妨碍河道通畅。如果一味地强拆，恐非民愿，不得已暂且维持原状。乾隆皇帝顾虑重重，然而老百姓哪里懂得许多，解决温饱才是第一要务。

乾隆十五年，乾隆帝授意方观承："朕阅永定河培堤取土，类在堤外，是以近堤多有坑坎，甚属非宜。嗣后总令于河身内取土，俾堤增高而河愈下，庶为一举

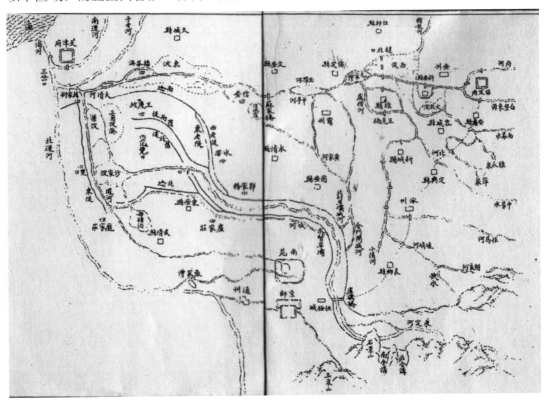

图四 清乾隆二十年改下口河图说（《（乾隆）永定河志》）

两得。但须层方层起，不得任挖成坑。该督即传谕所属河员，一体遵照办理。"又"朕见永定河身之内建有房屋，询系穷民就耕滩地，水至则避去。虽不为害，但其筑墙、叠坝，未免有填河之患。可即查明现在户数，姑听暂住，嗣后不得复有增添"。在乾隆初年治理永定河时，就提出了以上原则。在乾隆十八年、十九年的上谕中，仍然提出这样的问题。

乾隆皇帝因永定河的时常泛滥大为头痛，因之关系到京师的安危，关系到方圆百姓的生计。他多次巡视永定河，也难于想出一个两全之策。有很多因素制约着永定河治理长期顺畅地进行。这里有皇权集中化的因素，大小事务事必躬亲；臣属之间的不和，导致方案的多变；地方衙属执行政令的不彻底；客观上，人口增长的因素。但最主要的原因是科学技术的局限性，始终没有很好地解决永定河水患。民国时期，引进了西方科学技术的理念，用科学的技术手段、统计手段，测量河流的流量、流速，总结其地质地貌特征，设计堤防工程方案。自中华人民共和国成立以来，水利工程也始终未停止过。在古代玲珑坝[18]的基础上建设了官厅水库，并且上游先后建设了多座水坝。这是古代农耕时代和现代机械工业时代不可同日而语的。对于永定河的治理，由古代被动的修防，改为主动的调度和利用。

但是又引来了新的问题，中下游断水，上游流域的污染、截流。永定河这样人为造成的断流已经五十余年，早已不见其昔日大河滔滔的景象。断流的河床开始挖沙、种果树、跑马、养殖。乾隆皇帝忧心的"河中有居民，究非长久计"，不知古代帝王的担忧延续到现代是否还有道理，在今日会成为一种多余的担心吗？

① （清）于敏中等：《日下旧闻考》卷一百四，北京古籍出版社，1981年，第1729页。

② 《（乾隆）永定河志》卷十九附录"碑记"，中国水利史典编委会编：《中国水利史典·海河卷一》，中国水利水电出版社，2014年。

③ 《清史稿·河渠志》，中华书局，1977年，第3808页。

④⑤⑥⑧ 《畿辅通志》卷七十八，河北人民出版社，1989年。

⑦ 《（乾隆）永定河志》卷首，中国水利史典编委会编：《中国水利史典·海河卷一》，中国水利水电出版社，2014年。

⑨ 《清史稿·地理志一》，中华书局，1977年。

⑩⑫⑬ 《（乾隆）永定河志》卷十三，中国水利史典编委会编：《中国水利史典·海河卷一》，中国水利水电出版社，2014年。

⑪ 《畿辅通志》卷八十二，河北人民出版社，1989年。

⑭⑮ 《清史稿》卷三百二十四，中华书局，1977年。

⑯⑰ （清）于敏中等：《日下旧闻考》卷一百四，北京古籍出版社，1981年，第1731页。

⑱ 段天顺：《燕水古今谈》，北京燕山出版社，1991年，第88页。

（作者单位：北京石刻艺术博物馆）

谈清乾隆识文描金罗汉图挂屏

胡桂梅

北京艺术博物馆收藏有两件乾隆识文描金罗汉图挂屏，均为竖长方形，紫檀木框，屏面黑漆地，上半部识文描金乾隆皇帝《御制罗汉赞》诗内容，下半部识文描金罗汉。一挂屏上部隶书撰"指出乾闼，手扶禅杖。塔或倚肩，瓶或擎掌。或佩法轮，或持拂子。如意如谁，数珠数此。虎驯若狸，以手抚之。全身威猛，满志慈悲。御制罗汉赞"，下部右为一枝叶繁茂菩提树，树下站立九罗汉，各持不同法器，姿态各异，山石间隙处仙草、灵芝尽显祥瑞。菩提树左侧枝旁一朵祥云，仙阁坐落其中（图一）。另一挂屏上部隶书撰"有肃其容，有怡其面。胖肛者咍，戍削者粲。少者童颜，老者庞眉。钵贮净饭，尺守毗尼。明珠在握，戏波痴龙。应真二九，像示居中。御制罗汉赞"，菩提树右侧枝旁一朵祥云，云中苍龙隐现。落款"臣沈初敬书"，另有两篆书小印，其中一枚为"臣""初"，另一枚由于时间久远难以识别（图二）。这两件挂屏题材统一，装饰方法相同，风格相似，根据诗文正好组成《御制罗汉赞》全文，但尺寸不同，且挂钩不一式，因此应为不同的两套挂屏中的上、下各一件。

一、挂屏品鉴

（一）工艺特征

两件挂屏均采用识文描金工艺制作，"识"指凸起来，"文"指纹饰。识文描金，说的就是在纹饰凸起来的地方描金，做法是先以稠漆堆起花纹，然后再用金彩

图一 乾隆识文描金罗汉挂屏之一

图二 乾隆识文描金罗汉挂屏之二

描绘。在《髹饰录》中记："阳识"，"凡用漆或漆灰堆出花纹而不再用刀加以雕琢的做法，都列入此门"。最早的阳识漆器西汉已出现，但用来堆花纹的原料，未必是漆，而是用其他原料调成的。马王堆三号墓发现布满粉彩云气纹的长方形奁，做法是先用白色凸起的线条勾边，然后用红、绿、黄三色勾填云气纹，这种做法和效果近似后代壁画、彩画中的蛎粉。描金漆器，即在漆地上加描花纹，一般作法是在推光漆地上用朱漆或黑漆画花纹，待干后在花纹上打金胶，然后描金或贴金，最早见于考古发现的是河南信阳长台关2号楚墓中的彩绘漆棺，上面有用描金绘成的变形凤纹图案。识文描金即是用漆灰堆出凸起的花纹后再描金或贴金，识文描金在日本称为"高莳绘"，它是受到中国描金漆器的影响而发展起来的，在发展过程中不断提高艺术水平，又反过来影响中国的描金漆器。在清宫档案里，对于日本制造描金漆器（或者清宫仿制）称谓比较多，有"洋漆""仿洋漆""洋漆画彩金""退光漆""洋漆金花"等，这里面应该包含了"平莳绘"和"高莳绘"（识文描金）两种。清代，由于雍正、乾隆皇帝的喜欢，全国各地大量进贡识文描金器，现存精品实物较多。

挂屏整体采用泥金工艺，罗汉的眉、眼、唇部描红、黑色彩漆，人物衣褶自然，衣服上的纹饰清晰细致，人物面部表情丰富，或平静，或喜悦，或悲悯，装饰效果华丽。

（二）题材分析

罗汉图像最初源自克什米尔地区，随着印度佛教在中国社会的普遍流传而日益扩大，最早的十六罗汉形象出自唐玄奘所译之《法住记》：佛陀临涅槃之时，嘱十六大阿罗汉，自延寿量，常住世间，游化说法，作众生福田，故佛寺丛林里常雕塑罗汉像，供养者众。五代时期高僧贯休大师所绘的十六罗汉形象，超然入化，姿态不拘，堪为历代罗汉画像中宗翰之作

（图三）。与此同时，伴随着十六罗汉的产生，十八罗汉的传说也接踵而至，一般认为最早的十八罗汉画像是蜀地简州金水张玄画的十八罗汉，宋代苏轼曾为其作过赞词，题了十八首赞，但未标出罗汉名称。其次是贯休画的十八阿罗汉，苏轼也为之作赞十八首，每首标出罗汉名称，于十六罗汉外第十七为庆友尊者，即《法住记》的作者，第十八为宾头卢尊者。因此十六罗汉渐渐发展成十八罗汉，也致使后两位尊者名号众说不一，有的说是庆友尊者和玄奘法师，有的说是迦叶尊者和军徒钵叹尊者，西藏地区则加入达摩多罗和布袋和

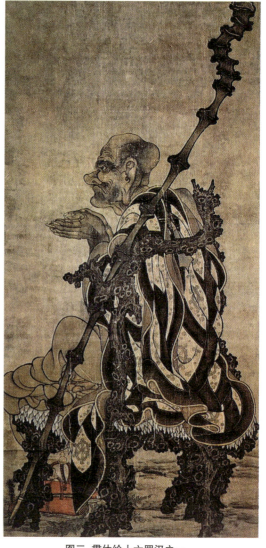

图三 贯休绘十六罗汉之一

尚，或加摩耶夫人和弥勒，而经乾隆皇帝与章嘉国师考证则为降龙、伏虎二尊者。清代初期，罗汉画已成衰势，但在乾隆朝宫廷中，十六、十八罗汉画的兴起却呈现一派勃勃生机。

我馆所藏挂屏中虽有赞文但并未标注出每位罗汉姓名，从其形态特点及通过同时期的文物类比可以分析出几位罗汉。上屏包括：伐阇罗弗多罗尊者——笑狮罗汉（右肩伏一小狮，左手轻轻抚之），诺迦跋哩陀尊者——举钵罗汉（双手持钵），阿氏多尊者——长眉罗汉（两道长眉垂肩），因揭陀尊者——布袋罗汉（袒胸，大腹便便，身背布袋）。下屏包括：注荼半托迦尊者——看门罗汉（右手持锡杖），苏频陀尊者——托塔罗汉（右手托宝塔），弥勒尊者——伏虎罗汉（身微下弯，右手抚摸虎头）。另外几位罗汉由于特征及法器不明显，暂时未能区分出来。

屏中罗汉形象与贯休所绘相貌怪异式不同，《宣和画谱》中说，贯休罗汉"状貌古野，殊不类世间所传，丰颐促额，深目大鼻，或巨颡槁项，黝然若夷僚异类，见者莫不骇瞩"。清代画家笔下的罗汉多面庞圆润、祥和，在贝叶经、墨上的罗汉也多是此种风格(图四)。

二、制作年代分析

《御制罗汉赞》收入《清高宗御制文》二集卷四十二《陈居中画罗汉赞》，是为陈居中所画罗汉写的赞语（图五）。《清高宗御制文》二集在序中记《御制文》初集为乾隆二十九年（1764），但不排除在成书前将此诗句作为题材进行创作的可能性。其中一挂屏落款为"沈初敬书"，为沈初书写的乾隆御题诗。沈初(1729—1799)，字景初，号萃岩，又号云椒。浙江平湖林家埭人。少有异禀，读书目数行下，乾隆二十七年（1762），召试赐举人，授内阁中书。翌年，中进士授编修、累升礼部右侍郎。三十六年

（1771），直南书房，督河南学政，未赴任，迁右庶子。累擢礼部侍郎，督福建学政、督顺天学政，调江苏。任满回京，调吏部，又督江西学政。从其入朝时间看，沈初服务宫廷的时间最早为乾隆二十七年。因此，此挂屏的制造年代应为乾隆二十七年至乾隆六十年（1795）之间。

三、识文描金挂屏的制作地探讨

由于在清宫档案中，识文描金器与其他描金漆器的记录混在一起，未单独记录，从名称上难以分辨，但由于这两幅挂屏所书为御题诗，肯定是为宫廷制作，经笔者查《清宫内务府造办处档案总汇》（以下简称《清档》）中乾隆二十七年至乾隆六十年间"漆作""贡档""杂录档""行文"这几处所录文献资料，均未见有制作此对屏的记录。但《清档》中所录资料并不全面，且有些记录相对简单，未进行详细描述，因此，此对挂屏可以与

图四 清《罗汉图》

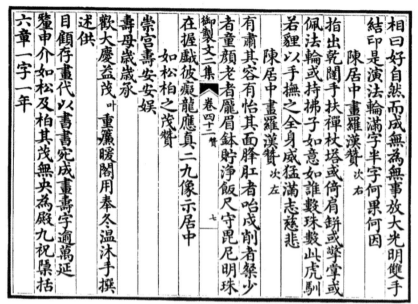

图五 《清高宗御制文》中所收赞语

此推算节活所做的仿洋漆器是50件。夏先生推算乾隆朝所造仿洋漆合计约在1500件上下，但档案记录数字远不到这个数字。这两件挂屏风格、手法如此高度相似，如不考虑尺寸、挂钩问题，可以视为一套，说明这两件挂屏有可能是按相同要求或者相同工匠制作而成，因此不排除为"节活"的可能性。

清宫其他识文描金器物一样，从内务府所造、地方官员的进贡、地方奉命制作这三个途径而来。

（一）内务府造办处"油木作"所造

根据《清档》来看，乾隆朝与漆工艺相关的作坊，几乎全部在"油木作"（乾隆二十二年以前，造办处还设有"漆作""木作"，这几个作坊做成的活计内容重复较多）。通过梳理乾隆二十七年至乾隆六十年造办处"油木作"档案，多见为各处髹制匾额、粘补旧器、重漆见新等，未见有此对挂屏的制作记录。

从实物来看，《清档》的记录并非全部，"节活"也是宫廷用具的重要来源之一。雍正、乾隆两朝都比较重视描金漆器的制作，"节活"始于雍正二年（1724）元月，监管造办处的怡亲王给造办处一道旨令："尔等将活计预备些，端午节呈进。此后中秋节、万寿节、年节下，俱预做些活计呈进。应做何活计，尔等酌量料理。"一直延续到清末，这些"节活"是不计入活计档的。故宫夏更起先生查，雍正十一年（1733）《买办库票》加入制造档中，从中看出全年做仿洋漆83件，但在《清档》中记录做仿洋漆是33件，因

（二）地方官员的贡品

清代有地方官员向宫廷进贡的制度，每逢端午、中秋、元旦、万寿，各地方官员要向皇帝进贡。有些官员进贡物品为洋漆，《清档》中有雍正年间两淮官员高其倬进贡洋漆器的记录①，还有江宁织造进贡仿洋漆的记录①。故宫博物院收藏有一件识文金漆花卉纹香筒，黄纸签文："乾隆五十九年十二月九日收，惠龄进洋漆嵌玉垂香筒一对。"惠龄，曾于乾隆年间授湖北巡抚，五十六年（1791），擢四川总督。乾隆五十九年（1794），"贡档"记：四月二十七日两江总督书麟进贡洋漆文具、洋漆书格一对②；七月十九日，浙闽总督伍拉纳进贡洋漆果盒两对③；八月初一日长芦盐政徵瑞进贡洋漆盒十个④。

乾隆皇帝喜诗词翰墨，御制诗文多以万计，地方官吏为了取悦他，用各种珍贵材料制造具有御制诗文的屏、联、版、册等，向皇帝进贡。乾隆朝后期，大量官员进贡以御制诗文、御笔为题材的器物，其中就有一些御制罗汉赞挂屏，据记载，乾隆五十九年"贡档"，三月二十六日贵州巡抚冯光熊差把总颜正照进贡单中有"御制罗汉赞福寿挂屏一对"；四月二十九日

云南巡抚费淳进贡御制罗汉赞大吉挂屏一对⑤；七月二十日两广总督长麟进贡御制赞十八罗汉挂屏一对⑥；乾隆六十年，七月二十一日护理江苏巡抚张诚机进贡，御制十六罗汉赞挂屏一对⑦，洋漆捧盒一对；七月二十四日，湖南巡抚姜晟进贡御制罗汉赞雕漆挂屏一对（交热河）⑧。这些记录说明当时许多官员都有进贡御制罗汉赞题材的挂屏。

查乾隆三十一年（1766）"杂录档"记录的进贡官员包括：盐政高诚、安徽巡抚冯钤、两淮盐政普福、江西巡抚吴绍诗、刑部尚书钱陈群、广西巡抚宋邦绥、漕督杨锡绂、河东总河李清时、福州将军明福、凤阳关监督卓尔岱、河东盐政李质颖、陕甘总督吴达善、广东巡抚王检、贵州巡抚方世俊、两广总督杨廷璋、两广总督高晋、巡抚熊学鹏、云南巡抚汤聘、四川总督阿尔泰、湖广总督定长、河道总督李弘、云贵总督杨应（王加居）、湖南巡抚李因培、闽浙总督苏昌、山西巡抚彰宝、署福建巡抚苏昌、河南巡抚阿思哈、江苏巡抚明德、湖北巡抚鄂宁、山东巡抚崔应阶、湖南巡抚常钧、总管内务府大臣英廉、陕西巡抚明山、山东巡抚彰宝、广州将军杨宁。从上述记录可以看出，"杂录档""贡档"中所录基本为各省巡抚、总督、盐政这些外省官员所贡。

沈初作为学政，主要主持各省的院试，"杂录档""贡档"中仅记录的是地方主要行政官员的贡品，未见提督学政官员的进贡记载，因此未见到沈初的贡档也很正常。

（三）苏州、扬州等地奉命制作

在《清档》中苏州、扬州都曾数次接受洋漆（仿洋漆）的制作，如乾隆四十一年（1776），苏州承担过仿洋漆的制作⑨。

乾隆三十年（1765）四月二十九日，太监吕进忠来说首领董五经交御笔宣纸鹤安斋字匾文一张、御笔宣纸一片九皋字对二付，传旨，着交两淮盐政高恒照金山寝宫卷烟海曙扁字金龙地章一样做法成送

来，钦此。于十月初一日，催长四德笔帖式五德将送到洋漆匾一对，一分持进安在养心殿呈进持赴玉玲珑馆挂讫⑩。

乾隆四十二年（1777）正月初四日，员外郎四德、库掌五德、福庆、笔帖式九格来说总管倪兴旺传旨宫内瀛台永安寺等处先设各式盆景四十八对，俟过节后持出交给长芦盐政西宁、两淮盐政寅著、苏州织造舒文、杭州织造福海、江宁织造基厚、淮关监督伊龄阿、九江关监督全德、凤阳关监督□住各六对收拾见新，算伊等贡内呈进，钦此。计开，交长芦盐政西宁永安寺呆玻璃盆绢花盆景八座、瀛台蓝玻璃盆绢花盆景二对，交两淮盐政寅著建福宫紫檀木都盛盘象牙五老看图盆景一座，静怡轩洋漆银象牙长方盆景一对（随座），洋漆长方盆景各式牙花盆景九座（各随座），……于十二月二十五日两淮送到收拾见新盆景六对交太监厄勒里呈进交原处讫⑪。

乾隆四十八年（1783）二月初八日，员外郎五德、催长大达色等来说太监鄂鲁里交洋漆扇式三层提梁盒一件（少盒盖一件），传旨发往苏州配做盒盖一件送来，钦此。于四十九年（1784）六月初三日苏州送到配盖洋漆扇式盒一件，呈进交热河讫⑫。

乾隆五十三年（1788）二月初四日，员外郎五德、大达色、库掌金江、催长舒兴来说太监常宁交御笔藏经纸字对一副字条一张（热河依清旷殿内明东间北窗户用三屏风一座），传旨交造办处按条对字心画三屏风纸样呈览，准时发往苏州做黑漆地银母字紫檀木过搭脑座子三屏风一座，要文雅样式，得时将字条本文裹衣裱册页一册配匣盛装具对字本文仍交回，将屏前面添安宝座床一座亦画样呈览，钦此。随为热河依清旷添安三屏风一座，宝座床一座，画得三屏风大纸样一张，通高八尺三寸五分，……又画得紫檀木胎过线内堂深雕汉文夔龙满金漆开画泥金花卉过框搭脑座子一样做法，屏风芯板黑洋漆推光地杖

图六 洛阳博物馆藏十八罗汉挂屏

银母字三屏风□色小纸样一张随宝座床样呈览，奉旨具准，发苏州照样成做三屏风一座……⑬

四、罗汉题材文物在清代宫廷中的广泛运用

清代皇室崇信佛教，修葺佛堂，紫禁城中有中正殿、英华殿、华宝殿、慈宁宫大佛堂、香云亭、宝相楼等三十余座独立佛堂。佛堂内多陈设有佛教用品或与佛教题材相关的器物，洛阳博物馆收藏有一对雕漆御制十八罗汉挂屏（图六），御制诗文非沈初书写，图案布局、人物形象与我

馆此对挂屏十分相似，原来就挂在故宫慈宁宫的大佛堂里。

乾隆皇帝笃信佛教，在紫禁城内开展了大量佛事活动，制造、绘制了大量佛像、法物及佛事图画。他对于十八罗汉可谓情有独钟，不仅将历朝名人所绘罗汉图视为珍品，收入《秘殿珠林》，还常命本朝宫廷画家摹绘古品并为其题赞作跋。清代宫廷画家丁观鹏曾作《释迦及十六罗汉》共17幅，每幅画有一尊佛像，佛像上方均以红字标注佛像的梵文名称，左上角均以墨书标注佛像的汉文名称和赞文以及乾隆御题诗。

罗汉等佛教题材器物的大量出现，不仅是受清宫宗教信仰的影响，与乾隆皇帝个人在佛学上的高深造诣也有重要关系。乾隆皇帝曾亲身研究、规范十八罗汉，在章嘉国师的指导下，多次根据梵经、汉经考证汉藏两地十六、十八罗汉名称及其变迁之故，并对十八罗汉的名称进行了彻底规范。正是由于清代统治者的宗教信仰加之乾隆皇帝的个人推崇，十六罗汉、十八罗汉题材器物材质丰富，形制多样，留存

图七 清代以罗汉为主题的墨

下来数量较多的乾隆时期拓片、织绣、墨（图七）、玉插屏、山子等以罗汉为题材的器物，为研究乾隆时期文物风格、特色提供了相对丰富的实物资料和佐证。

① 《清宫内务府造办处档案总汇》，雍正七年，"行文"，第582页。雍正七年，江宁织造隋赫德贡进："仿洋漆万国来朝屏风一座、仿洋漆甜瓜式炕椅背一座、仿洋漆云台香几两张、仿洋漆百步灯四架。"

② 《清宫内务府造办处档案总汇》，乾隆五十九年，"贡档"，第97页。

③ 《清宫内务府造办处档案总汇》，乾隆五十九年，"贡档"，第106页。

④ 《清宫内务府造办处档案总汇》，乾隆五十九年，"贡档"，第130页。

⑤ 《清宫内务府造办处档案总汇》，乾隆五十九年，"贡档"，第101页。

⑥ 《清宫内务府造办处档案总汇》，乾隆五十九年，"贡档"，第107页。

⑦ 《清宫内务府造办处档案总汇》，乾隆六十年，"贡档"，第783页。

⑧ 《清宫内务府造办处档案总汇》，乾隆六十年，"贡档"，第789页。

⑨ 《清宫内务府造办处档案总汇》第39册，第491页，"行文"：乾隆四十一年二月十五日，太监胡世杰交一面玻璃螺钿漆钟架一座（万寿山）、二面玻璃螺钿漆钟架二座（圆明园），传旨："着发苏州，将螺钿漆刮去，用旧胎骨另漆黑漆画金花，要仿洋漆做法。"

⑩ 《清宫内务府造办处档案总汇》乾隆三十年，"行文"，第494页。

⑪ 《清宫内务府造办处档案总汇》乾隆四十一年，"行文"，第184页。

⑫ 《清宫内务府造办处档案总汇》，乾隆四十八年，"行文"，第633页。

⑬ 《清宫内务府造办处档案总汇》，乾隆五十三年，"行文"，第582页。

（作者单位：北京艺术博物馆）

清末龙纹钱币刍议

王显国

中国古代流通钱币主要有铜钱、纸币、白银等，其中铜钱出现时间早、数量大，是古代主要流通货币之一。先秦时期，出现了青铜铸币，并形成了刀币、布币、圜钱、蚁鼻钱等不同货币体系。秦统一中国后，方孔圆钱成为流通货币，其形制一直沿用至清末。铜钱（包括铁钱、铅钱等）纹饰以文字为主，不同时期文字的内容有所变化。宋至清代先后发行了纸币，纸币纹饰也以文字为主。可见，中国古代钱币形成以文字作为纹饰的传统。清末，在西方造币技术与货币文化的影响下，传统钱币的制作方法、形制有所改进，其纹饰也随之出现较大的变化。广东省引进西方造币机器，增加龙纹作为钱币图案，成功发行龙纹银元（简称龙洋）和铜元。该币以龙纹为主要图案，铸造数量大、流通范围广，使龙纹成为钱币标志性纹饰。龙纹钱币出现时间较晚，铸造时间也较短，但该币纹饰改变了沿用两千余年货币文化传统，在中国货币史上是一次较大的变革。

2017年10月至2018年1月，北京市文物局主办、北京市古代钱币展览馆、北京市钱币学会联合承办的"龙行天下——钱币上的中国龙"展览在德胜门展出，该展选用各类钱币292件，解读了钱币上龙纹的起源、特点及其文化内涵。本文在展览的基础上，结合钱币实物及相关的文献资料，拟对清末龙纹钱币的出现与兴盛、原因等问题进行初步的探讨。

一、古代钱币的纹饰特点

中国古代钱币纹饰自成体系。其中，金属铸币基本饰以文字，图案纹饰较为少见；纸币也以文字为主，只辅以图案边饰。清末，钱币币面开始增加图案纹饰。

古代铸币以铜钱为主，也有少量铁、铅等金属币。金属铸币正面或两面多有文字，不同时期文字的内容有所变化，如先秦时期，刀币、布币、圜钱等铭文多纪地、纪重、纪数等；秦汉半两、五铢等为纪重钱；唐以后，铜钱的铭文多为年号及通宝、元宝等；甚至文字的种类也不尽相同，如元代铜钱面文使用八思巴文，清代铜钱采用满、汉两种文字。可见，自春秋开始古代钱币纹饰主要是文字，并形成独自的特点。

古代钱币也出现过图案纹饰，如西汉武帝时期铸造"白金三品"。据《史记》记载，"又造银锡为白金。以为天用莫如龙，地用莫如马，人用莫如龟，故白金三品：其一曰重八两，圜之，其文龙，名曰白选"，直三千；二曰以重差小，方之，其文马，直五百；三曰复小，椭之，其文龟，直三百。"陕西曾发现汉代银质马币，及较多的铅质龙币、马币和龟币，出土实物与文献记载相符，说明汉代发行过"白金三品"[①]。该币币面饰以龙、马、龟，系古代钱币图案装饰之始。其中，龙作为行用钱币的主体纹饰开始出现，但数量较少、使用时间较短。在此后的两千年间，钱币仍是饰以文字，不同时代内容有所变化。宋代纸币及晚清银币的先后出现，钱币纹饰增添了新的内容。

宋代出现中国最早的纸币[②]，随后金、元、明、清各朝均有发行。纸币的纹饰与铜钱不同，除标明面值及相关规定等文字外，还饰以花纹。如"大明通行宝钞"正面以文字为主，四周以精雕细刻的"花阑"为饰，"花阑"中各刻四爪蛟龙，四角各有一支缠枝纹番莲纹[③]。再如清代发行"户部官票"纸币，票面也以文字为主，"上横书户部官票四字，兼用满、汉字样。中书准二两平足色银若干两。左书咸丰某年月日，右书某字第几号"[④]；四周印有龙纹、云纹、海水江崖纹，其中龙纹所占面积较大（图一）。我们看到，纸币作为行用钱，币面开始出现图案装饰，至迟到明代，龙的形象成为纸币图案纹饰较为重要的部分。

清代银饼及银币的铸造，改变了传统铸币的纹饰习惯。道光年间，台湾铸造寿星银饼、如意银饼、笔宝银饼等，使用了文字与图案相结合的纹饰（图二-1～3）。寿星银饼正面为寿星图，上环铸"道光年铸""库平七二""足文通行"字样，背面为古鼎图案；如意银饼正面饰以花篮及"府库军饷"四字，背面为交叉如意及"足纹通行"字样；笔宝银饼

图一　清代户部官票咸丰三年一两（左）、
大清宝钞咸丰七年制钱百千文（右）

正面铸"聚宝盆"图案、"军饷"和"足纹通行"字样，背面是交叉在钱囊的两支笔宝及"六八足重"四字[⑤]。这些银饼与传统铜钱不同，主体纹饰皆为图案，很明显是受到当时流通的外国银元的影响[⑥]，但这些银饼铸造量小、时间短，流通范围较小。

光绪十年（1884），吉林省铸造"厂平"银元（图二-4）。该币正面中央铸有"光绪十年吉林机器局监制"，上端为团寿字，两侧环绕双龙纹，二龙龙首相对、

图二　清代银饼、银币正背（1.寿星银饼，2.如意银饼，3.笔宝银饼，4.厂平银元，引自中国钱币博物馆编
《中国钱币博物馆藏品选》[⑧]）

图三 清代广东银元、铜元正背（1."七三番版"银元, 2."七二番版"银元, 3.广东七钱二分银元, 4.广东光绪元宝铜元, 引自中国钱币博物馆编《中国钱币博物馆藏品选》）

龙身纤细, 组成二龙戏珠图案; 背面铸有满汉文字[⑦]。该币系中国引进机器铸造的最早银币, 币面出现了龙纹图案, 但仍以文字为主, 龙纹仅为装饰。

我们看到, 中国古代行用钱中, 铜钱作为主要货币, 多以文字为饰; 而纸币、银币出现后, 保留了币面以文字为主的传统, 同时添加了图案纹饰, 其中龙纹是使用频率较高的纹饰。清末, 中国货币的纹饰发生较大变化, 银元、铜元等均采用图案纹饰, 且龙纹更是得到广泛的应用与推广。

二、龙纹钱币的兴盛与衰落

清末, 广东省引进机器成功试铸银元和铜元, 各省竞相仿铸, 银元和铜元成为清政府发行的主要货币。该币均背饰龙纹, 直至民国初期, 龙纹成为货币的主要纹饰。

中国自铸银元由广东省首创。清代, 白银主要以银两的形式参与流通。清中期后, 外国银元成色较为统一、质量稳定, 在沿江沿海地区广受欢迎。为了抵制外国银元, 维护铸币权利, 自道光时期开始有识之士多次上书奏请铸造银元, 但均未获

得清政府允准。光绪十三年（1887）, 两广总督张之洞奏请试铸银元, "银元上一面铸光绪元宝四字, 清文汉文合璧; 一面铸蟠龙纹, 周围铸广东省造库平七钱三分十字, 兼用汉文、洋文, 以便与外洋交易"[⑨]。该币系试铸币, 俗称"七三番版", 计有库平七钱三分（图三-1）、三钱六分五厘、一钱四分六厘、七分三厘及三分六厘五毫一套五品[⑩]。此币以"光绪元宝"为名, 继承了铜钱的铭文传统, 同时增加了蟠龙纹背饰, 创造出了全新的龙纹银元。不过, 清政府以有违体制为由, 该提议未被批准。

光绪十五年（1889）, 张之洞利用香港英商汇丰银行请广东省代铸银元之际, 再次奏请鼓铸银元[⑪]。为与通行的外国银元重量一致, 在汇丰洋行的要求下, 将银元重量减为库平七钱二分, 文字图案保持不变。该试铸币俗称"七二番版", 亦是一套五品, 分别重七钱二分（图三-2）、三钱六分、一钱四分四厘、七分二厘、三分六厘。户部批准了张之洞的奏议, 但对银元的文字图案提出修改建议: "惟将洋文列于中国年号之内, 体制尚有未合, 应请饬令该督将洋文改錾盘龙之外, 以广东省造库平七钱二分汉文十字改列正

面，其半元以下小银钱以次照改，较为妥协。"[12]我们看到，从"七三番版"至"七二番版"，再到新版银元，银元的重量、纹饰几经变化，但对盘龙纹为背饰从未提出异议。龙纹成为银元的主要纹饰，清末龙洋由此定型。

光绪十六年（1890）四月二日，广东省正式铸造新版银元（图三-3）。由于银元样式新颖、制作精美，广受商民欢迎。广东龙洋大获成功，并成为晚清中国机制银元的典型样本。此后，湖北、北洋、福建、江南、安徽、直隶、奉天、江宁、吉林、湖南、福建、浙江等地，仿照广东造币模式，先后铸造龙纹银元[13]。自广东始铸龙洋至1913年底，累计铸造银元约2.3亿元，小银元约铸2.3亿元[14]。龙洋铸造数量较巨，质量稳定，龙纹设计精美、品种繁多，使其成为该时期主要银币之一。

龙洋的纹饰对传统铜钱也有较大的影响。随着西方机制法的引进，铜钱的制作技术及形制也发生了变化。光绪二十六年（1900），广东省开始铸造铜元。该币仿照港澳当十铜仙形制及龙洋纹饰，"正面镌光绪元宝四字，内加清文广宝二字，周围镌广东省造，并分镌每百个换一元字样。背面中镌龙纹，周围镌西文，译曰广东一仙。"[15]广东铜元改变了古代铜钱以文字为饰的传统，以龙纹为主要纹饰；同时取消铜钱的方孔，成为新式铜币（图三-4）。广东铜元成功试铸，拉开了龙纹铜元铸造的序幕。自1900年至1911年，先后有福建、江苏、安徽、湖南、湖北、直隶、江西、浙江等19个省份开设28处造币厂，仿广东铜元形制铸造铜元。清末各省铸造铜元数量较大，铜元总额折合当十铜元约为166.3亿枚[16]。

我们看到，清政府铸造的银元和铜元数量较多，流通范围较广，所铸银元、铜元逐渐取代银两和铜钱的位置，成为主要的流通货币。该币以龙纹为主要纹饰，受到清政府的认可和民间的喜欢，使龙纹钱币产生后迅速走向辉煌。金属铸币上龙纹也影响了纸币的纹饰，清政府发行的纸币上也大量出现龙纹。如光绪三十年（1904）湖南省官钱局发行的银元票、制钱票，票面印有二龙戏珠图案；光绪三十二年（1906），江西省银钱总号发行钱票饰以龙纹[17]；宣统二年（1910），清政府设计的大清银行兑换券，票面左侧为摄政王载沣半身肖像，右上方为巨龙腾飞图案（图四）。此外，民间印发的钱票等有些也出现龙纹。如宣统元年（1909），北京泰兴银号三元银票装饰二龙戏珠图案（图五）。可见，龙纹不仅成为银元、铜元的主要图案，也是部分纸币的图案，龙

图四 大清银行兑换券正面

图五 宣统元年北京泰兴银号三元银票

纹钱币的流通可谓盛极一时。

不过，龙纹钱币繁盛的局面持续时间较短，很快出现了逆转。民国初年，财政部开始筹划更换银元纹饰，但新模设计尚需时日，各造币厂仍暂按清末旧钱模铸造银元。如民国元年（1912），因"改铸新模颇费时日，现时需款正殷，势难停铸……应请饬下该厂与新模制定以前，仍依旧式照常鼓铸，以资便利。"[18]龙洋的铸造持续数年。民国三年（1914），财政部令湖北、奉天、四川、广东、云南各造币厂"均应改用北洋造（银元）钢模，以归一律。"[19]我们看到，该时期民国造币厂仍铸造龙纹钱币，但这也仅是过渡时期的暂时替代方法，龙纹钱币渐趋没落。

民国元年，财政部钱币纹饰图案的改革已经提上日程。该年三月，财政部呈临时大总统文，明确提出"新币式样，亟应厘正，以一视听，而符名实，应请饬下该厂（江南造币厂）仍照旧币分量，改订民国新模，拟就图案，交由本部呈候核夺。"[20]民国三年十二月二十日，天津造币总厂正式以新模铸造银元，新铸银币"阳面恭摹大总统五分侧面像，上列'中华民国三年'六字，阴面嘉禾二本，左右交互，下蒙结带，中镌'壹圆'二字"。[21]新币放弃龙纹图案，而采用袁世凯肖像、嘉禾及绶带作为纹饰图案。次年，"宁鄂二厂相继开铸，其后粤奉浙等厂亦次开铸"。[22]此外，南京临时政府、北洋政府、南京国民政府时期还发行过多种纪念币、船洋（币面图案为双帆船）等，但均未将龙纹作为其纹饰。

同时，民国铜元的纹饰也采用新的纹饰。如民国初年，天津造币厂铸造大总统肖像纪念币，"面为袁世凯戎装半身像，背书'中华民国''共和纪念''十文'，配以嘉禾图案"；湖北、安徽等省铸造开国纪念币，"正面为'五色国旗'与'十八星军旗'相交叉，上书'中华民国'，下书'开国纪念币'，背面外圈书英文'中华民国''十文'，中间嘉禾图

案配以面值"。[23]由于铜元的铸造各自为政，铜元种类较多，铜元纹饰呈现多样化，但均未采用龙纹作为图案纹饰。

我们看到，自1887年广东省试铸银元开始，龙纹正式成为钱币的图案纹饰。铜元的铸造，使龙纹也成为铜币的主要图案。在清政府的支持下，各省竞相鼓铸银元和铜元。龙纹银元与铜元兴起后，短短数年间达到鼎盛，成为占主体地位的钱币纹饰。1912年，随着中华民国的建立，龙纹钱币趋于衰落；1914年底，民国政府全面铸造新式钱币，龙纹钱币逐渐被取代并不可避免地走向没落。

三、龙纹成为钱币图案的原因

中国古代有两千余年的铸币史，钱币的纹饰主要是文字。清代为什么改变钱币纹饰传统，在币面上增加龙纹图案纹饰呢？

中国龙纹钱币正式发行始于广东省自铸银元。广东银元突破了古代钱币的纹饰传统，采用文字与图案相结合的纹饰，这与广东造币厂引进西方造币技术有关。光绪十三年，两广总督张之洞向英国伯明翰造币厂订购了全套铜元和银元造币设备，在广州建立了中国第一个省办造币厂[24]。伯明翰造币厂还承担了广东造币厂的整体规划，如厂房建造、设备制造、职工培训等，甚至代为设计钱币图案和雕刻钢模[25]。我们看到，广东省造币厂铸钱设备与技术均由英国提供，所铸银元的形制、重量和成色与外国银元相近，可见广东银元是模仿外国银元制作而成。广东银元模具也由英国伯明翰造币厂代为设计，其纹饰不可避免受到西方钱币纹饰的影响。

西方钱币纹饰与中国有较大不同，前者纹饰以图案为主，内容丰富多彩，如天神或统治者的肖像、动植物、建筑物、国徽图案等。伯明翰造币厂设计的广东银元增添了龙纹图案，明显具有了西方钱币纹

饰的特点。同时，广东银元也保留了中国钱币纹饰传统。该币背面以龙纹作为主体图案，是吸收了西方银元以图案装饰的优点；同时，正面铸"光绪元宝"及重量等文字，延续了铜钱以年号为铭文的传统，还考虑到白银为称重货币的习惯。可以说广东银元的纹饰是中西方货币文化碰撞与交融的结果。广东银元的龙纹不仅装饰性较强，还能起到防伪的作用。银元价值较高，币面仅以文字为饰容易引起私铸。如咸丰年间上海曾铸造"上海银饼"，两面仅印有文字，没有图案，钱模易于仿造；发行后赝品百出，导致银饼信用受损，"不久就宣告废止应用"。㉖可见，在西方银元纹饰设计理念的影响下，广东银元采用文字与图案装饰，不仅达到政治宣传的目的，还能起到装饰和防伪的作用。

广东银元选择龙纹作为背饰也不是偶然的。首先，龙是皇权的象征。清代，龙饰的使用有较为严格的规定，"五爪金龙"成为皇帝的专用纹饰，其衣食住行等方面均以龙纹装饰，体现帝王至高无上的威严㉗。清政府对铸币颇为重视，广东银元上印制龙纹，与面文"光绪元宝"一样，可以达到宣扬皇家威权的目的。其次，清代龙纹国旗的出现，龙纹逐渐成为国家的象征。国旗是西方主权国家出现后的产物，代表国家的旗帜。同治元年（1862），清政府设计了第一面龙旗，"尺寸及绘画式样，拟用三角尖旗，大船旗高一丈，小船旗高七八尺……均用黄地画龙，头向上"，并照会英法俄美四国，以此黄龙旗作为国旗㉘。光绪十四年（1888），清政府重新制定国旗式样，将三角式正式改为长方式。同时，"因画龙不能经久，改用蓝羽纱镶嵌五爪飞龙，龙头向上"，该设计被钦定为国旗图案㉙。国旗式样发生了变化，但作为主要纹饰的飞龙未变。黄龙旗"不仅为西方国家认同"，同时也被国人普遍认同㉚。再次，龙在中国传统文化中具有代表意义。中国龙文化历史悠久，龙是神圣、吉祥、如意

的象征，在民间有着深厚的群众基础。民国初年，鲁迅先生等受中华民国临时大总统委托设计国徽图样，他们"远据前史，更立新图，镐有本柢，庶几有当。考诸载籍，源之古者，莫如龙"。虽然当时并未以龙纹作为国徽，但反映出设计者们充分认识到龙作为中华民族和文化的象征，蕴含着丰富的文化内涵。

中国龙不仅有着深厚的文化背景，同时被赋予了较强的政治意义。龙是皇权的专属，也是皇权的象征；随着清末黄龙国旗的使用，龙又上升为国家的标志。因此，广东省在拟定银元图案时，龙纹是最佳选择。广东银元采用龙纹图案，宣扬皇家的权威，体现政府的铸币权，易于被清最高统治者认可。同时，银元背饰龙纹，彰显其合法性，也是银元的信用保证，有利于银元的流通与推广。

其实，在广东发行银元之前，已多次提及铸造龙纹银元。如咸丰五年（1855）二月二十七日，福建巡抚吕佺孙建议仿铸外国银元，银元纹饰"或为龙凤文、清汉文咸丰通宝等字样，分量轻重毋庸增减，再饬令通行，以期便民有益。"㉛吕佺孙提出以"龙凤"为银元纹饰，由于当时清政府抵制自铸银元，该提议未被采纳。1867年，香港造币厂铸造"上海壹两"银元，在香港和内地推广使用；"为要更易被中国政府接受，正面采用象征中国帝王的龙形图案"，背面为"英国皇室及嘉德勋章图案"。㉜该造币厂以龙纹作为银元图案，其目的就是为获得清政府支持。"上海壹两"银元获得清政府认可，并在中国海关比照其他银元缴税时使用。广东省银元纹饰曾经过三次更改，但龙纹作为主要图案始终得以保留，进一步说明清政府对龙纹设计较为满意。

清末，广东龙洋的成功不仅引起各省的龙洋铸造热潮，也促进了龙纹铜元的兴盛。铜元是人们日常生活不可或缺的小额货币，铸造数量更多，短短十余年间龙纹钱币迅速成为当时流通的主要铸币。龙

纹钱币受到人们的喜爱，除了制作工艺先进、质量稳定外，其精美的龙纹图案也是重要因素之一。可见，广东省首创的银元和铜元龙纹背饰，是清末较为成功的钱币图案设计。

随着清朝的灭亡，龙纹钱币迅速由盛转衰。前文已及，龙是封建君主的象征，也是清王朝国家的象征。封建帝制推翻后，代表皇权的龙已经失去了基础。龙作为皇权的象征，受到革命者的抵制。如，民国元年，鲁迅在设计国徽图案时，认为龙纹较为合适，"然已横受抵排，不容作绘。更思其次，则有十二章"。民国十二年（1923），天津造币厂试铸"十二章国徽图"银币[33]（俗称龙凤币），但钱币图案含有帝王色彩，故该币仅为纪念币，并非用于流通[34]。我们看到，该时期民众对龙纹有着强烈的抵触心理，已不再适合作为国家的象征。不久，新的钱币图案取代了龙纹，龙纹钱币相继停铸。

总之，在西方造币技术和理念的影响下，龙纹钱币开始大量铸造与流通。该币以龙纹作为背饰，是封建皇权在钱币上的体现；龙纹从钱币上淡出，是封建帝制被推翻的结果。龙纹钱币由盛转衰，反映清末人们对龙纹从喜欢到抵制的态度变化。当然，龙作为中华民族的图腾象征，有着数千年的文化底蕴，民国时期遭到抵制并非是龙本身的原因，而是因为当时人们对封建皇权的不满与厌恶。

四、结语

清末，随着与西方经济、文化交流的增强，中国传统货币也受到较大的影响。清政府引进西方造币机器，仿照外国钱币形制、纹饰特点，铸造龙纹银元和铜元。同时，该币还保留中国钱币的纹饰习惯，正面铸有"光绪元宝""大清银币"等字样，保留传统铜钱的纹饰特点。其中，银元币面注明重量，是银两制度的反映；铜元注明面值，也是咸丰大钱的延续。因

此，新式钱币采用文字与图案相结合的纹饰，是中西方货币文化碰撞与融合的结果。

龙纹成为钱币图案，是当时政治、文化等多种因素共同作用的结果。龙是封建皇权的象征，清末又成为国家的标志。同时，龙具有深厚的文化积淀，广受民间喜欢。因此，钱币采用龙纹图案，是封建君主专制下的必然选择。龙纹钱币一经发行，迅速走向鼎盛，但很快随着清政府的垮台而衰落，该币的兴衰反映了清末封建皇权由极致走向衰亡的历程。不过，龙纹银元与铜元的铸造，不仅突破了中国钱币的形制，而且改变了沿用两千余年的纹饰传统，是中国货币现代化的重要过渡阶段，在中国古代货币史上具有重要地位。

① 张吉保：《再论"白金三品"——从陕西发现"白金三品"之银质马币说起》，《西部金融钱币研究》2010年增刊总第4期。

② 吴本祥、吴波：《对宋代交子和金代交钞的几点析评》，《黑龙江农垦师专学报》2000年第4期。

③ 谭用中：《"大明宝钞"一贯钞版之研究》，《中国钱币论文集》，中国金融出版社，1985年，第293页。

④ 中国人民银行总行参事室金融史料组编：《中国近代货币史资料》，中华书局，1964年，第351页。

⑤ 孙浩：《百年银元：中国近代机制币珍赏（1838—1949）》，上海科学技术出版社，2012年，第180页。

⑥ 甘丽芳、陈阿泉：《"寿星银饼"之谜》，《安徽钱币》2004年第1期。

⑦ 尚正：《中国第一套机铸银币——"吉林厂平"》，《收藏界》2006年第6期。

⑧ 中国钱币博物馆：《中国钱币博物馆藏品选》，文物出版社，2010年。

⑨ 中国人民银行总行参事室金融史料组编：《中国近代货币史资料》，中华书局，1964年，第

672页。

⑩ 丁进军：《再谈广东银元正式开铸的时间》，《中国钱币》2009年第3期。

⑪ 中国人民银行总行参事室金融史料组编：《中国近代货币史资料》，中华书局，1964年，第676—677页。

⑫ 中国人民银行总行参事室金融史料组编：《中国近代货币史资料》，中华书局，1964年，第678页。

⑬ 中国人民银行总行参事室金融史料组编：《中国近代货币史资料》，中华书局，1964年，第823—824页。

⑭ 戴建兵：《近代银元和铜元的铸造数量的一个简略估计》，《中国钱币》2006年第1期。

⑮ 中国人民银行总行参事室金融史料组编：《中国近代货币史资料》，中华书局，1964年，第873页。

⑯ 王显国、李延祥：《清末洋铜的需求、进口及影响》，《北京社会科学》2015年第12期。

⑰ 李炳震、曲尉坪：《湖南清代货币》，中南大学出版社，2006年，第326—327页。

⑱⑳ 中国人民银行总行参事室编：《中华民国货币史资料（第一辑）》，上海人民出版社，1986年，第12页。

⑲ 中国人民银行总行参事室编：《中华民国货币史资料（第一辑）》，上海人民出版社，1986年，第111页。

㉑ 中国人民银行总行参事室编：《中华民国货币史资料（第一辑）》，上海人民出版社，1986年，第118页。

㉒ 张家骧：《中华币制史》，民国大学出版部，1926年，第42页。

㉓ 沈鸣镝：《中国近代机制币》，中华书局，2005年，第15页。

㉔ 尚碧仁、世华：《伯明翰造币厂出口中国的造币设备》，《中国钱币》2009年第3期。

㉕ 陈传银：《广东七三反版银元的来历》，《江苏钱币》2014年第1期。

㉖ 褚馨：《上海银饼研究》，《东南文化》2003年第10期。

㉗ 何晶、张雨：《浅谈"龙纹"的文化内涵》，《吉林工程技术师范学院学报》2003年第7期。

㉘㉚ 贺怀锴、冯巧霞：《符号与国家象征：晚清黄龙国旗研究》，《海南师范大学学报（社会科学版）》2006年第10期。

㉙ 育民：《清朝国旗考》，《上海师范大学学报（哲学社会科学版）》1992年第2期。

㉛ 中国人民银行总行参事室金融史料组编：《中国近代货币史资料》，中华书局，1964年，第191页。

㉜ 世华：《细说"上海壹两"——"纹银壹两""上海壹两""关平壹两"及香港造币厂》，《中国钱币》2006年第1期。

㉝ 关汉亨：《十二章国徽图案与龙凤币——集币随笔（十四）》，《中国钱币》2005年第2期。

㉞ 郭恪：《鲁迅没设计过"龙凤币"》，《鲁迅研究动态》1986年第3期。

（作者单位：首都博物馆）

以《园冶》试析马辉堂花园的营造理念

王如梅   刘   珊

《园冶》是由明末造园家计成所著的中国古代造园专著，1634年刊行，但受作序者所累一度被列为禁书，直到20世纪二三十年代才从日本重新传回国内。该书为后世的园林建造提供了理论框架及可供模仿的范本，在国内外学术界评价极高，其中所蕴含的园林创作思想和具体的造园手段或方法，对后来的造园实践，无疑有着普遍性的启示意义和指导作用[①]。

中国园林，按性质不同可分为皇家园林和私家园林等类型，私家园林又以江南园林最为著名。实际上，私家园林并非只有江南园林才美轮美奂，历朝历代各地都有代表风格。北京私家园林带有北方特色，因沉稳大气而独具风采，建筑形式也自成体系。其中，位于东四魏家胡同18号（原魏家胡同44号）的马辉堂花园，既有北方园林的端庄，又具江南园林的秀美雅致，代表了清末民初北京中型私家园林的典型风貌和艺术水准，是该时期北京传统宅院的代表。

在关于马辉堂花园的已有文献中，研究其布局和艺术特色的居多，较缺乏涉及造园理论的介绍。为更好地呈现花园的文化价值和建筑价值，本文在充分借鉴《北京文物胜迹大全·东城区卷》和《北京私家园林志》中的有关记载等珍贵资料的基础上，通过对花园布局的梳理，借助《园冶》初步探讨营造者建园时的营造理念，希望为进一步研究和保护马辉堂花园提供参考。

一、背景简介

马辉堂（约1870—1939），清末著名营造家，本名马文盛，字辉堂，河北省深县博陵人[②]。其亲自设计督造马辉堂花园作为自己的宅院，修建于1915年，历时三年建成。宅院格局为东宅西园（园指花园，即园林区），总面积为7500平方米左右，其中花园部分为4500平方米，接近7亩[③]。以宅院称之为"花园"，可见这个宅院极具自然情趣，美不胜收。

计成在《园冶·兴造论》中指出："世之兴造，专主鸠匠，独不闻三分匠、七分主人之谚乎？非主人也，能主之人也。"[④]这里的"能主之人"是指有专长的人，之于马辉堂花园，就是马辉堂本人。马辉堂出生于传承了六百余年的"营造马家"，其先祖马天禄在明代时就营造过北京皇宫，其先辈马德亮曾在清代兴建过避暑山庄[⑤]。马天禄也是唯一没有选择在完工之后走入仕途的大工匠，之后依旧经商办官木厂，家传祖训是"当官钱是当年完，买卖钱才万万年"。马辉堂是马家的第十二代传人，也是一位传奇人物。他继承了祖先的衣钵，创立兴隆木厂，成为当时有名的富商和大地产主。从他这一代马家更是兴旺，据其孙马旭初回忆，当时全北京私家小汽车加起来不足100辆，马家就有7辆[⑥]。马家专做皇家、官家的木工活，承建过包括颐和园、北海在内的皇家园林，也参与了慈禧、慈安和光绪陵的修建，被誉为"哲匠世家"。民国时期，由马辉堂长子马增祺经营改办后的恒茂木厂，下属多个分厂，中华人民共和国成立后都被收归国有。

正因这种家世背景，该园虽建于民国时期，但仍运用了精辟细致的传统造园手法，以叠石、古建筑、树木、湖池等造园四大元素相互呼应衬托，置山开池，打造园林之美。整个花园山石点缀精巧有致，花木扶疏，别有一番情趣[⑦]。园中所用的假山山石大多出自圆明园，建园木料为修建颐和园所剩，暗示出营造者的财力和造园履历。台球室烘托出园林的时代气息，宅院东侧的戏楼尽显马家的富贵气派。《园冶·墙垣》中谈筑磨砖墙"如隐门照墙、厅堂面墙，皆可用磨或方砖吊角"[⑧]。据说园中建筑内部陈设考究，装修精美，花园厅堂均用金砖墁地，墙壁均磨砖对缝，精致而密实[⑨]。马辉堂建成此宅院之后，经常有达官显贵借用或来访，此后便盛名远播了。

中华人民共和国成立后，马旭初将此园低价卖予国家。由于各种历史原因，花园和住宅区历经百年渐趋破败，假山游廊大部分被拆除，但园内主要建筑尚存，从遗存中依然能看出建园之初的规模和布局。近年在马旭初协助下，文献中对马辉堂花园的记载逐渐清晰起来，不过历史资料和照片在"文革"时焚毁，已无法再见当时的风貌。

马辉堂花园于1984年被公布为东城区文物保护单位，2011年定名为东城区魏家胡同18号宅院并公布为北京市文物保护单位。

二、营造理念

1. 相地

《园冶·相地》写道："园基不拘方向，地势自有高低；涉门成趣，得景随形"[⑩]，"市井不可园也；如园之，必向幽偏可筑，邻虽近俗，门掩无哗[⑪]。"这

块园基属于城市地，选址于民国初一座烧毁的戏园。虽然园林选址多选山林地，可依山傍水浑然天成，但马家世代为皇家效力，多建皇家与王府园林，宅邸选在内城也不意外。不过京城建都几百年，内城可利用的土地不多且水源匮乏，什刹海是众认的最佳选址地，但又布置了多座王府建筑。再看这座烧毁的戏园，位于民国时期北平内三区，距离紫禁城仅1.5公里，到什刹海也只2公里，在这寸土寸金之地能辟出一块修建私家园林的宅基实属不易。宅院南临环境清幽的什锦花园胡同19号宅院，西、北、东三面是离繁华主街较远的幽深窄巷的胡同，取"大隐于市"的意境，正符合"闹处寻幽"[⑫]的城市园林选址原则。将花园与居住区分开，即是"宅旁造园"，可尽量脱离住宅需求而专注游览观景的园林建造，领略城市山林之趣的妙意。"结庐在人境，而无车马喧。问君何能尔，心远地自偏。"这几句晋朝诗人陶渊明创作的脍炙人口的诗句，可以很好地诠释这座城市园林的造园初衷与追求。

入花园大门，迎面一组石峰形成的影壁作为屏障，遮挡住其后园中的最大一组假山，使入门难见园中盛景，引人遐想联翩。门内西侧植一棵楸树，姿态婆娑，与建筑相互陪衬，展现出花园动静交融之美。楸树高大挺拔、枝叶茂盛，是名贵的园林观赏树种。这棵楸树树龄现已约110年，推测应是花园原有。

2. 立基与屋宇

《园冶·立基》说："凡园圃立基，定厅堂为主。先乎取景，妙在朝南，倘有乔木数株，仅就中庭一二。筑垣须广，空地多存，任意为持，听从排布；择成馆舍，余构亭台；格式随宜，栽培得致"，又"开土堆山，沿池驳岸"[⑬]。宅院（见图一总平面图[⑭]，图二复原图[⑮]）坐北朝南，西为花园、东为住宅区。营造者因地制宜，花园可大致划分为北、中、南院，另有一小院位于住宅区南侧。花园部分厅堂、游廊辅以假山、水池，多植花

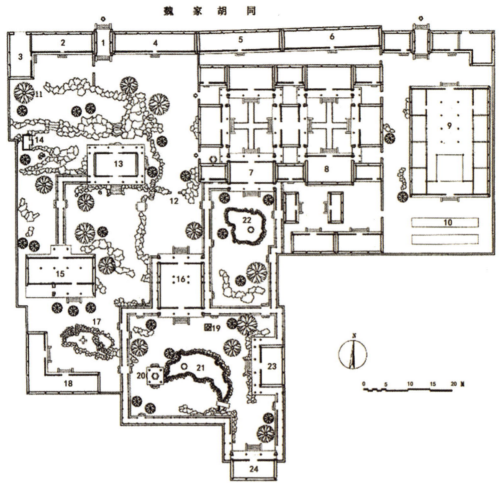

1.主入口 2.门房 3.汽车房 4.账房 5.佛堂 6.库房 7.内宅 8.内宅 9.戏楼 10.花洞子 11.楸树 12.屏门 13.台球厅
14.财神庙 15.三卷厅堂 16.惜阴轩（两卷大厅） 17.假山与小水池 18.辅助用房 19.古木化石 20.井亭 21.月
牙河 22.影池 23.敞厅 24.南书房

图一　总平面图（引自《屋宇朴斫　山池巧构——北京东城马家花园造园艺术分析》）

木，园林布局自然和谐。园中有厅堂、敞
轩、书房、亭、廊等多种建筑类型。"厅
堂立基，古以五间三间为率"⑯，位于中
心位置的主厅名惜阴轩，西侧植一槐树，
另一处花厅坐落于最大假山南坡，还布置
有主人居室和主人长子居室两处、书房一
座。园内五开间建筑两座，三开间三座，
通过游廊增加风景深度，连接主要建筑，
使得全园产生一气呵成的连贯感，虽形式
简洁又皆取平直的正朝向布置，但借假
山、水池、甬路、花木的穿插仍显变化多
端。

广亮大门一间，北向，位于宅园的西

北隅，属八卦的"乾"位。这种等级较高
的大门仅次于王府大门，昭显园主人的实
力与身份。大门西侧有五间门房，东侧是
一排临街北房（图三），宅园东北角开一
角门。入大门，沿东侧甬路向南有一屏门
可通中院。北房、最大一组假山、屏门、
住宅区界墙围成一个院落，可称为北院。

中院为花园主院。入屏门内西侧的
厅堂又称花厅（图四），坐落于最大假山
的南坡。《园冶·屋宇》有言："古者
之堂，自半已前，虚之为堂。堂者，当
也。谓当正向阳之屋，以取堂堂高显之
义。"⑰厅堂坐北朝南，歇山顶灰筒瓦屋

面，面阔三间，四周出廊，用作台球室建于假山之上，建筑古朴稳重，在有限的空间内营造出咫尺山林的气氛。台球室西南角接一爬山廊（图五）。

游廊折而向南直通一座三卷勾连搭五开间厅堂，坐北朝南，为马辉堂居室（图六），后出抱厦，前有敞轩，雕梁画栋，十分精彩[18]。马辉堂居室正东是一坐北朝南两卷勾连搭三开间厅堂，前后出廊，两山贴游廊，为园中主厅，名"惜阴轩"，

高大敞亮（图七）。"卷者，厅堂前欲宽展，所以添设也[19]。"卷棚顶为园林建筑中常见的一种屋顶形式，增加了厅堂前部空间的宽展感，线条柔顺，优美流畅。营造者用这种曲线勾勒出花园轻松雅致的意境。同时，勾连搭建筑方式加大了房间进深，既充分地利用了园内的空间，又加大了居室内的使用面积。宅院的这两座厅堂和住宅区东边的戏楼都采用这种勾连搭的屋顶样式。马辉堂居室南面一组假山水

图二 复原图（引自《京城首富马家传奇》）

图三 临街北房

图四 花厅

图五 爬山廊

图六 马辉堂居室

图七 惜阴轩

图八 南院东的敞轩

图九 书房

图一〇 住宅区房屋

池，置可以吐水的龙头。假山西南方有平顶房数间，占整个宅院的西南角。台球室、马辉堂居室、惜阴轩、平顶房围成花园的中院。

惜阴轩南侧的部分，可称为南院，有游廊环绕，柱间带坐凳楣子。院南一名"月牙河"的池塘中有汉白玉的麻姑献寿石雕。池塘西侧有一四角攒尖顶亭，用来遮盖人工为池塘注水的水井。院东有一坐东朝西的五开间悬山顶敞轩（图八），"轩式类车，取轩轩欲举之意，宜置高敞，以助胜则称[20]。"这里曾是马增祺的

居室，地处高旷、环境幽深。南院的东南隅有一三开间坐南朝北的书房（图九），供奉匠师之祖鲁班。《园冶·立基》中"书房基"讲："书房之基，立于园林者，无拘内外，择偏僻处，随便通园，令游人莫知有此"，"自然幽雅，深得山林之趣[21]。"书房位于整个宅园的最南端深幽之处，悠闲宁静。敞轩、水池与书房互为因借，又与山石围成相对封闭的边落，形成的空间氛围适于建造书房。

住宅区由东西并列的两组四合院组成，布局紧凑，为家眷居所。四面房屋

（图一〇，为东四合院北房）均面阔三间、硬山顶合瓦屋面、前出廊，北房东西各带两间耳房。各房均有抄手游廊相接。东边为一座戏楼，四卷勾连搭[22]，其南有两座花房。

住宅区的西四合院以南为一个独立成景的小院，院北一名为"影池"的水池中有可以喷水的打伞猴子石雕，园南置山石。小院东、住宅区的东四合院以南是厨房院和洗衣房。

3. 掇山

掇山叠石艺术是中国造园的独特传统。《园冶·掇山》中说："瘦漏生奇，玲珑安巧"，"多方景胜，咫尺山林；妙在得乎一人，雅从兼于半土"[23]。假山选位"最忌居中，更宜散漫"[24]。园中有较大假山五组，零散分布在园中各处，假山、水池、游廊、花木穿插渗透自然流畅。最大一组假山占据北院，与山南花厅相配，构成入园盛景，东南部与住宅区西侧界墙边叠石夹成石洞门。中院、南院、小院皆布置假山，使观赏者可从假山石的各种形态和神韵中体会趋于自然的风致，"虽由人作，宛自天开。"[25]园中假山看似分散，实为与游廊相辅取代隔墙划分空间。又通过随处布置假山障景，使所隐景物若隐若现，处处凌虚，透漏生奇，既使空间感觉深远，又增加了景物的层次。马辉堂宅园本以掇山见胜，但山石几经拆迁，现仅存北庭土山上顽石数块和东南角残余叠石小品[26]。北庭之山，原为土山戴石，据称原来山上叠石竖立如峰，横亘如峦，颇有气势，现仅存顽石一二[27]。这里"北庭之山"指最大的假山，"顽石"指青石，原湖石已不存。

中院、南院、小院各有一水池。山石、建筑、花木围绕形式各异、大小不一的水面灵活点缀，交相呼应，水面的倒影也增加了花园的空间感。营造者通过掇山与水景将大自然的真实景色浓缩到方寸园林中。

4. 借景

《园冶·借景》中有言："构园无格，借景有因"[28]，"因借无由，触情俱是"[29]，"夫借景，林园之最要者也。"[30]由于是中型园林，占地有限，所以营造者希望运用借景的手法来突破地域的局限。花园借景采用"近借"，也可以称为"内借"，也就是"互相借资"，是园林内部各个要素之间的互借。并不是所有的园林都有外景可借，即使有景也不一定能借到，尤其是城市造园受城市规划布局限制很大[31]。园内几乎没有使用隔墙，各院均以假山和游廊来分隔[32]，院落似断非断，使视线上能相互沟通，达到借景的效果；由游廊连接各主要建筑，增加风景深度，使所借景物更显幽深曲折。空间互相渗透又适当分割，互借互望，静中求变。

除此，花园也运用了其他造景手法。大门入口迎面设置石峰来障景，遮挡了园中的景色，既在入口处形成了点景，又与屏门、甬路营造出曲径通幽的感觉。"惜阴轩"厅堂中悬挂由翁同龢所书的匾额"谈经堂"来点景，委婉表达出主人的情志和修养，融入园中景色超然世外的韵致。在假山水池中用雕塑来点景，丰富了水面的立体景观。小院"影池"与院南的山石组成一山一水，成为对景。通过游廊中柱子与倒挂楣子构成的取景框观景，景物随脚步变换，情趣盎然。

花园造景方式灵活多变，往往几种方式同时蕴含在一个景物中，很多小品不宜拆解分析，列举又不一而足。园中景点设计精致、内容丰富，景致耐人寻味。

三、结语

马辉堂花园是北京城唯一由营造家设计并督造的自家宅院，兼居住、会友、娱乐、观赏等多方面的需求，造园手法娴熟精辟，用料考究但建制较低，朴素大方又做工极精，建筑轩敞大气且实用性强，初建时还有很多名家题词写匾，为北方中型私家园林之精品，亦可为清末民初北京传统宅院的代表，是不可多得的园林妙笔杰作。如今的马辉堂花园，花园区域大部分拆毁，只余五处房屋、一段爬山廊、几块青石，井亭已被改建，三组水池和雕塑已毁；住宅区主要建筑虽存，但作为民居，院内私搭乱建破坏了风貌，现存建筑也多有拆改；花木幸存楸树、槐树各一棵；戏楼被拆除。尽管如此，从文献资料和残留的建筑布局中，仍然可以看出该园是应用规范的园林营造手法设计建造的。从选址、布局到掇山、借景，灵活多变中蕴含着《园冶》的建园理论，体现了该著作的造园方法，也展现出营造者深邃的设计水准。

私家园林作为中国园林中很重要的一个类型，需要加以保护。马辉堂花园位于北京市东城区，建园时属于京城内城区域，内城土地稀缺，能辟出园址营造私家园林不易，园址经过时代变迁遗存下来更为少见；加之马辉堂出身"哲匠世家"，参与建造或修缮很多皇家建筑、园林和陵寝，是清末民初北京地区哲匠中的重要人物，因此尽管花园在一定程度上遭到了破坏，但历史地位很明显，应予以保护，尤其对研究北京私家园林的发展变革也有一定的意义。1954年4月3日，北京市人民政府文化教育委员会文物组收文记载的一份签报中提到：华揽洪、陈占祥两位同志认为"什锦花园十一号十号九号及魏家胡同四四号，都有庭园相连，……不如花钱修葺庭园，以保留原有建筑，并为将来绿化保留基础"。可见，当时就已经有学者注意到马辉堂花园的保护和利用价值。近年来，该宅院的文化内涵和建筑价值逐渐受到关注，2011年被公布为北京市文物保护单位，希冀今后有关部门实施更多举措恢复其风貌并加以保护和合理利用。

附记：本文在撰写过程中有幸得到北京石刻艺术博物馆专家吴梦麟先生的指导和帮助，在此致以诚挚的谢意！

① 王其钧：《中国园林建筑语言》，机械工业出版社，2007年，第311页。

②⑤ 谭伊孝：《北京文物胜迹大全·东城区卷》，北京燕山出版社，1991年，第169页。

③㉒ 贾珺：《北京私家园林志》，清华大学出版社，2009年，第230页。

④（明）计成著、陈植注释：《园冶注释》，中国建筑工业出版社，1981年，第71页。

⑥⑮ 吴小曼：《京城首富马家传奇》，《环球财经》2008年第9期。

⑦⑱ 谭伊孝：《北京文物胜迹大全·东城区卷》，北京燕山出版社，1991年，第170页。

⑧（明）计成著、陈植注释：《园冶注释》，中国建筑工业出版社，1981年，第309页。

⑨ 贾珺：《北京私家园林志》，清华大学出版社，2009年，第233页。

⑩（明）计成著、陈植注释：《园冶注释》，中国建筑工业出版社，1981年，第81页。

⑪⑫（明）计成著、陈植注释：《园冶注释》，中国建筑工业出版社，1981年，第86页。

⑬（明）计成著、陈植注释：《园冶注释》，中国建筑工业出版社，1981年，第99页。

⑭ 贾珺：《屋宇朴斫　山池巧构——北京东城马家花园造园艺术分析》，《中国园林》2003年第2期。

⑯（明）计成著、陈植注释：《园冶注释》，中国建筑工业出版社，1981年，第102页。

⑰（明）计成著、陈植注释：《园冶注释》，中国建筑工业出版社，1981年，第115页。

⑲（明）计成著、陈植注释：《园冶注释》，中国建筑工业出版社，1981年，第126页。

⑳（明）计成著、陈植注释：《园冶注释》，中国建筑工业出版社，1981年，第125页。

㉑（明）计成著、陈植注释：《园冶注释》，中国建筑工业出版社，1981年，第104页。

㉓（明）计成著、陈植注释：《园冶注释》，中国建筑工业出版社，1981年，第348页。

㉔（明）计成著、陈植注释：《园冶注释》，中国建筑工业出版社，1981年，第108页。

㉕（明）计成著、陈植注释：《园冶注释》，中国建筑工业出版社，1981年，第75页。

㉖㉗ 汪菊渊：《中国古代园林史》下卷，中国建筑工业出版社，2006年，第635页。

㉘（明）计成著、陈植注释：《园冶注释》，中国建筑工业出版社，1981年，第398页。

㉙（明）计成著、陈植注释：《园冶注释》，中国建筑工业出版社，1981年，第399页。

㉚（明）计成著、陈植注释：《园冶注释》，中国建筑工业出版社，1981年，第403页。

㉛ 王其钧：《中国园林建筑语言》，机械工业出版社，2007年，第277页。

㉜ 贾珺：《北京私家园林志》，清华大学出版社，2009年，第232页。

（作者单位：北京市文物局信息中心、北京市古代建筑研究所）

考古所见的北京历史文化特点

郭京宁

2010年、2012年，笔者分别写过《北京考古六十年的思考》①《考古工作在"繁荣古都历史文化、推动北京文化之都建设"中的重要作用》②两篇文章，阐述了笔者对于北京考古的学科发展客观规律性和考古学对于其他学科作用的一些粗浅认识。这两个问题，看似不关联，实际上有着必然的内在联系：客观规律性决定了学科的增长及其可发挥的作用；作用反映了客观规律的要求。

为了构建两者间的联系，把逻辑关系表达得更为缜密，笔者试图将北京考古发现所反映的历史文化特点进行粗略总结，并作为中间一环，将上述两方面问题串联，形成逻辑链条的完整整体，希望能有助于读者了解北京考古的过去、现在与未来。

一、"物"质资料的认知——基于考古发掘的视角

现北京市范围内，考古遗存资料反映的文化特点，可称之为考古发现中所见北京历史文化特点。特点，就是独特的地方，独特的文化风貌与独有的文化内涵。北京的历史文化特点，是相对于其他地域而言。

北京是中国近代考古学被最早引入的地区之一。若将瑞典学者安特生1918年在房山周口店第6地点的试掘视为北京考古的肇始，至今则已走过了一百年的风雨历程。

北京地区的考古遗存可大致分为十二

个时代（阶段），它们是组成北京历史文化的基本框架。所以，在探讨北京历史文化的特点和北京考古的发展趋势时，有必要将其先作一番梳理。

旧石器时代的遗存有早期的周口店第1地点、中期的周口店第15地点和平谷马家坟，晚期以山顶洞和王府井东方广场古人类地点为代表。延庆、怀柔、平谷等沿太行山东麓和燕山南麓分布的半环状山区、半山区也有若干旧石器地点。

新石器时代的遗存有早期门头沟东胡林遗址、怀柔转年遗址；中期平谷上宅一期、北埝头遗址；晚期形成了北有上宅二、三期、南有房山镇江营一期的格局；铜石并用时期有昌平雪山一、二期文化等。这些遗存大致以永定河为界，呈现出北有平底器—圈足器、南有圜底器—三足器两支不同的文化系统。

昌平张营遗址一、二段的年代大致相当于夏代晚期至殷墟一期，所以可视为三代（夏商周）早期的遗存。相当于夏阶段的还有雪山三期文化、刘李店墓葬、凤凰山墓葬等，这类遗存被归入燕山以北的夏家店下层文化或燕山以南的大坨头文化③。商代的有刘家河、杜辛庄墓葬、张营、龙坡、塔照遗址等。西周时期有镇江营遗址、琉璃河遗址、牛栏山和白浮墓葬等，这些都属于西周时期具有自身特色的燕文化范畴。确定无疑，有着城址、大型墓葬、居址、甲骨等重要元素，证实了《史记》中记载的周武王克商之后"封召公奭于北燕"的真实性的房山琉璃河遗址是其中最重要的一处。

东周可分为春秋和战国两个时期。春秋时期的遗存有镇江营与塔照遗址商周第四期第三段第四组、丁家洼遗址等。战国时期有燕上都蓟城、海淀清河朱房古城、怀柔渔阳故城、燕中都窦店故城、蔡庄古城、长沟古城等城址；镇江营与塔照遗址商周第五期、南正、黑古台、广安门外桥南等遗址；昌平半截塔、顺义龙湾屯、通县中赵甫村、通州胡各庄、昌平松园、丰台贾家花园、房山岩上等墓葬；海淀西八里庄、怀柔城北等瓮棺葬；还发现了不少零散的燕国金属货币出土地点。这其中很多城址、遗址、墓地的年代可延至汉代。当然，信息量最为丰富、在学术界最有影响力的还是延庆玉皇庙、葫芦沟等春秋墓地。

两汉时代遗存的种类和数量更为丰富。北京16区皆有分布，是第一个考古遗存的大发现时期。迄今已知有城址20余座④，类型包括封国都城、郡城、县城、军城和专门性城市，城市等级高低和规模大小都有所不同。汉代各类墓葬数量在北京已发现的各个历史时期墓葬中居于第二，据保守统计，已至少超过6000余座，时代跨越西汉早期历新莽直至东汉末年的400余年。有大葆台、老山这样的高级别者，也有海淀上地、大兴亦庄、平谷杜辛庄、房山南正、通州胡各庄等大规模墓地，还有数量不少的遗址、窑址、窖藏等。

魏晋北朝时期的遗存发现较少。明确为西晋时期的有华芳墓、房山小十三里、房山水碾屯、昌平沙河等墓葬30余座，其他重要的有蓟城西北转角遗址、延庆李四官庄家族墓地等。十六国时期的有延庆东王化营墓群。北魏有岩上黄鉴墓，东魏有门头沟色树坟大魏武定石刻。北齐时期有傅隆显墓、王府仓墓、大兴高米店墓、通州后北营张车墓、密云古北口长城和驻兵寨、通州土长城等。

隋唐五代是一个转折时期，遗存渐多。隋代的有房山雷音洞的佛舍利、房山鱼儿沟墓等。唐代的有史思明墓、刘济墓等高级别墓葬，也有刘辅、黄雄等一般官

吏墓及密云大唐庄、大兴亦庄、延庆南菜园等大规模墓地；还有延庆东王化营等窑址；唐幽州城址、子城、里坊及各县属村等也有不少发现。五代时期有房山北郑后唐陶幢和陶塔等。

辽金是第二个考古遗存的大发现时期。作为辽"五京"之一的"南京"，北京辽代的遗存很丰富。有密云小水峪、房山磁家务、门头沟龙泉务三大瓷窑址，龙泉务窑址中已开始用煤作燃料；焦村等窖藏；延庆大庄科的采矿、冶铁、炒钢等系列矿冶遗址群；丁文道、赵德钧、马直温、刘六符、韩佚等高级官吏墓，大兴北程庄、大兴亦庄、密云大唐庄、昌平陈庄等中小级别官吏及平民墓地；云居寺南塔基藏经洞、顺义净光舍利塔基、房山北郑塔基、密云冶仙塔基等地宫。

明确的金代墓葬发掘至少400余座，较著名的有乌古论家族墓、赵励墓、石宗璧墓等。窖藏在顺义、房山、延庆等地发现10余处，以铁器居多。在丰台瓦窑、房山坨里等地发现塔基。金陵陵区的调查和对主陵区的发掘填补了中国帝王陵寝资料中的缺环。金中都遗址区内发掘了水关、大安殿、鱼藻池、兵营等。其他还有水井、村落遗址等。

元代的遗存主要有元大都的勘查与发掘；铁可、张弘纲、耶律铸、耿完者秃等中高级官吏墓葬和昌平白浮、门头沟斋堂、平谷河北村等中小平民墓地及海云禅师等塔墓；后英房、西绦、后桃园等居址；和义门瓮城城门；房山南街等窖藏。

明清是第三个考古遗存的大发现时期。明代考古的内涵很丰富。城垣包括内、外城，皇城，紫禁城。陵寝有北京考古的丰碑——定陵。墓葬有董四墓村等嫔妃墓；海淀香山路明宪宗长子等皇子墓；德清等公主墓；香山刘忠、北京射击场、海淀玲珑巷等太监墓；万贵等外戚墓；怀柔伯施聚等品官墓；大兴黄村新城北区等平民墓。长城有延庆火焰山营盘遗址、大营烽火台建筑遗址、怀柔河防口。大运河

有大运河故道及附属的漕运码头设施。寺庙有应梦寺、奶奶庙、净德寺等。还有摩崖石刻和造像、毛家湾瓷器坑、矿冶遗址、桥闸、县故城等。

清代考古是北京考古的特点与所长，有大量各类的陵寝、园寝和墓葬被发现，特别是后者，是各时期墓葬中数量最多的，各个区都有发现。有索尼、荣禄等高官墓，李莲英等太监墓，庄亲王允禄等王爷墓，当然数量最多的还是构成北京考古资料金字塔结构最底层的大量平民墓。还有圆明园、香山静宜园来青轩、金台夕照、101中学招凉榭等皇家园林遗址；玉河等河湖水系；正觉寺御路等道路；恭王府银安殿、国子监祭酒院落和琉球学馆、门神库等宫苑署邸遗址；普度寺、玉河庵等寺庙宫观遗址。出土遗物在各个时代中最丰富，种类也最全面。

以上十二个时代的划分标准，史前时期是主要生产工具的制作技术，历史时期是朝代的更替。标准虽有不同，但最终都是因为物质文化的主要面貌发生了改变，由量变到质变，达到了可以划分的程度。在同一个时代内，考古学遗存具有同样的特征。

物质文化面貌变化的实质是背后的人群的变化或技术的进步。但有些前后相接的时期，文化特质是继承和相通的，所以从考古学文化面貌的角度并不易区分，例如战汉、辽金、明清等。根据物质文化的面貌和北京历史文化的特点，这十二个时代可以归纳为史前、商周（西周）、战国秦汉、魏晋北朝隋唐、辽金元、明清六个大的时期。这是与传统中国的考古学"六期法"⑤大体一致又有所不同的。

二、"文"化的特点——基于考古研究的视角

六个时期中，大量已有的与尚未出土的考古资料，让人充分感受到考古学的魅力。如果将它们视为古代物质文化遗存有机整体的组成部分，可以归纳出北京十项历史文化特点。

1. 谱系序列绵延久长

北京发展的历史链条上，距今至少50万年以前的周口店北京猿人、距今3000多年的房山西周燕都城址、距今近900年的金中都，成为三个重要的节点。它们代表了北京人、城、首都的开端，是人文北京"文"的具体体现。而它们的确定，主要得益于考古材料。换言之，考古材料的第一项作用，是填补历史链条上的空白，或印证文献的记载，或补充文献记载的不足，或纠正文献记载中的偏差或失误。

北京地区人类活动历史之早，在国内外城市中并不多见，恰说明远古先民选择北京的必然。

除了肇始早，连续久也是重要的特点。通过上述六个时期的划分，可以看到，北京各个时期都有考古遗存。虽然部分阶段略显薄弱，例如铜石并用时代晚期、夏代早期和北朝时期等。但从建立年代框架的角度和支撑程度来看，是可以搭建的。因此，一些人类持续活动的遗址，会形成不同时期、连续的文化堆积。如房山镇江营和塔照遗址，共有九个时期的文化，从新石器时代晚期一直到东周；昌平张营遗址从夏代晚期至商代中期；故宫隆宗门西遗址发现的元、明、清"三叠层"等。

人类活动的历史连续不间断，文化持续发展，文物上的表现就是器物演变的谱系有轨可循。例如旧石器时代从早期到中期再到晚期在周口店系列地点的发现之连贯，国内罕见。

新石器时代的文化链条也是基本完整的⑥。从已知的碳十四测年表上可以反映（表一）。

2. 文化因素多元交错

北京所处的燕山南麓地区是华北、东北、西北三大地理单元的交汇点，处于北方、中原、海岱三大古文化区的相交前沿，也是中原农耕文化与北方游牧文化的

表一　北京地区新石器文化遗存标本的¹⁴C年代范围对照表

序号	遗址	遗迹（遗物）	测年数值（BP）
1	东胡林	木炭、人骨等	11000 ～ 9000
2	转年		9820 ～ 9200
3	上宅	T0508⑧	7480 ～ 7230
4	北埝头	F2：1木炭	7200 ～ 6802
5	上宅	T0309⑦	6540
6	上宅	T0706⑤	6340 ～ 6000
7	雪山	T225H11木炭	5640 ～ 5374
8	北大燕园	木头	4858

过渡地带。这样的地理特点使得北京历来成为各地文化交流和活动的中枢及主要舞台，文化面貌必然受到周边地区的影响。文化上的特点是吸收力强，开放性大，物质上的表现就是多元。就像苏秉琦先生曾经指出的，燕山南北、长城地带的文化发展规律突出地表现在，"同一时代有不同的文化交错存在，不同的群体在这里交错"⑦。

旧石器时代晚期在山顶洞和东方广场发现的赤铁矿，都非北京本地所产，目前所知最近的产地为河北宣化一带。山顶洞中的海蚶产自渤海，厚壳蚌产自长江流域。山顶洞人的一些体质特征还见于斯坦海姆人和因纽特人。新石器时代的文化因素构成更加复杂多元⑧。夏末商初，昌平张营遗址与辽西地区的夏家店下层文化，内蒙古中南部的朱开沟文化，晋中地区乃至壶流河、桑干河流域，豫南地区的下七垣文化，保北地区的下岳各庄文化，海岱地区的岳石文化等都有着交集（图一）⑨。八方辐辏，使得北京的文化多元合一。

多元交错的文化现象背后有很多原因。地理格局、气候变迁、政治控制、军事影响等是其中的客观原因，文化传统是自身原因。这些原因造成了经济、民族、宗教、贸易、手工业乃至思想观念等方面的融合。

这其中，地缘区位的优势十分重要，之后的民族关系、对外交往等特点也源于此。"北方重镇""边关要塞"之类的标签往往贴附于北京身上，归根结底指的是地理特点。研究北京历史文化，都不能脱离这个地理格局。西方社会科学中的地理学派就主张地理要素是最基本的社会物质生活条件，对社会文化的发展具有决定性作用⑩。

大融合的历史趋势就是多元一体。多元是过程，一体是结果。在文化不断交流的过程中，北京对于联系三大古文化区的枢纽作用十分显著，对于"中国相互作用圈"⑪的形成、巩固、发展有着重大的历史意义⑫。

进入历史时期后，随着交通便利、贸易繁荣，物质交流有增无减，北京成为全国重要的物流基地和市场，多元的文化因

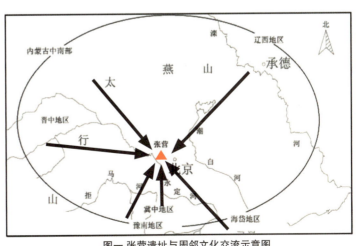

图一　张营遗址与周邻文化交流示意图

素散见于各项重要的考古发现中。如西城区毛家湾的明代瓷器坑，出土的瓷片有河北定窑、磁州窑，北京龙泉务窑，河南钧窑，云南玉溪窑，浙江龙泉窑，江西景德镇窑等窑的产品。

在文化交流的过程中，对主体来说，不同层级结构接收外来文化因素往往不是同步的。有先从上层阶层开始的，如特权阶层首先能接触到的异域奇珍异宝等，这种交流一般较为迅速；也有首先从中下阶层开始的，如普通阶层的日常器物，这种交流与接收的过程相对漫长。对客体来说，从文化结构而言，从近代学者梁启超到当代学者庞朴，对文化结构都有深刻的论述，在学术界基本达成共识⑬，即文化内涵分为三个层面，第一个层面是物质层面，第二个层面是制度层面，第三个层面是心理观念层面。这其中，物质层面的交流是最快的，制度层面次之，最后是心理观念层面。这些观点对于理解许多考古现象是具有启发意义的。

3. 遗迹遗物种类多

遗迹和遗物指遗物出土的现象和个别器物。它们种类齐全、形式丰富，表明北京历史文化的多样性、先进性、适应性和人类活动的地域特色。

除某些特定环境的埋藏，如贝丘、沙漠、海洋等外，几乎所有考古发掘中的遗迹类型在北京都能捕捉到。如果将它们各自分门别类，都将是可持续的研究课题。因为一方面发掘资料是与日俱增的，另一方面分类的角度很多。特别是后者，作为考古学方法论之一的类型学大有用武之地。

考古分类的一个重要目标，就是通过语言所代表的分类来了解古代生活。因此，从分类的方式上，可以是多方面的、多层次的、多级的⑭。不过，需要注意的是，同类遗迹分类的标准应是统一的。

墓葬：数量最多和包含的器物共时性最强。最常见以时代为标准，划分为西周、战国、汉、唐、辽、金、元等时期，

各时代都有自己的特点。其他分类的标准也很多，如可以从建墓材质上区分，有砖室、瓦片、石室、土坑墓；从规格上，有超大、大、中、小型；从整体形状分为长方形、甲字形、刀把形、亚字形等；从墓室平面形状可分为方形、圆形、椭圆形、不规则形等；按墓室数量可分为单室、双室、多室等；按墓主人身份级别可分为诸侯、高级官吏、中小官吏、平民墓等；按葬俗分为一次葬和二次葬；按有无纪年文字材料（墓志、铭文砖等）分为纪年墓和非纪年墓；按葬具分为木棺、瓮棺、石棺、陶棺或无葬具等；从棺数上，有三棺以上、三棺、双棺、单棺等；按葬式分为直肢、屈肢、仰身、侧身等。此外，还可按有无墓道、有无壁画、墓主人民族或国籍等划分。每类下再分型、亚型。墓葬中的随葬品是断代和了解当时社会生产生活情况的重要资料。

灰坑：形制多样，特别是在周代之前的遗址中。从平面、剖面形制，功能等都可区分，如圆形筒状、椭圆形锅底状等。一些使用者有意制造储备物品的灰坑，应当视为窖藏⑮，还有一些较为特殊的祭祀坑、乱葬坑等。

房址：有如北埝头新石器时代的半地穴房址，也有如古崖居的唐代洞窟，还有如元代后英房的院落。大规模的房址有延庆胡家营战国聚落居址和金中都的成排兵营设施。从平面形制、建造材质、大小等级、使用功能等都可以区分。

窑址：有陶窑、砖窑、石灰窑、瓷窑和琉璃窑，用于烧制砖瓦、随葬品和日常用器。西周之前的陶窑，窑室小、结构简单，例如昌平张营的窑址。汉代之后，窑室面积增大且形成多烟道，根据窑室的形状和数量分为椭圆形、长方形、双室等。汉代房山长沟、通州小街、通州后屯、平谷杜辛庄、辽金昌平兴寿等地都有已成规模的窑场。

灶址：从建材上看有昌平张营的商代土灶、延庆古崖居的唐代石灶、圆明园

的清代砖灶等。从位置上分有室内灶和室外灶。从平面形制上可分为圆形、椭圆形、方形、瓢形。平谷金海湖小镇的辽金灶址70余座，集中分布有序，是迄今所见最多者。

水井：有土井、砖井、草井、瓦井和陶井。形状以圆形为主，少量方形。春秋以前的水井，多土坑木壁，如琉璃河的西周水井，井壁以方木垒砌。战国及之后采用陶质井圈和砖井，如宣武门、和平门一带发现的大批战国至西汉的陶井圈。通州路县故城发现形态各异的古井，其中1座北朝井最下为木井架，以上砌砖。

道路：以土路为多，也有砖石路，主要以时代区分，如通州路县故城的汉代、辽金和清代道路三者叠压，丰台万泉寺的金、元道路等。有的道路上有保存较好的车辙痕迹，如路县故城汉代道路上的车辙。

沟渠：有西周琉璃河的河卵石渠，也有路县故城的汉代土渠及元大都的元代砖渠。

摩崖造像：多发现于山区，大都与佛教、道教等宗教有关。许多造像借助山崖边缘开凿，在一些自然山洞中也有发现⑯。一些造像后有题记，如门头沟石佛村明代摩崖造像题刻。

碑碣石刻：长方形为碑，方圆或圆形、上小下大为碣。碑的种类很多，有墓碑、寺庙碑、功德碑、记事碑等。经幢一般为三节，有六角或八角形，如大兴持净院的经幢等。

古塔古桥：考古发掘出的主要是各类塔基基址，以辽金时期为多，如顺义净光舍利塔、通州电信局辽代塔基、密云冶仙塔、丰台瓦窑村金代塔基等。北京有大量明清官式石桥，很多现在仍在使用中，一些已废弃或埋藏于地下。如房山南岗洼明代石桥、通州张家湾明代石桥、大兴旧宫小龙河清代石桥等。还有101中学清代水闸、高碑店平津闸等。

城址：有西周琉璃河、汉代郡县城、金中都、元大都等夯土城和通州老城的砖城等。城内有功能分区，城墙上附有水涵洞，城外应有护城河、手工业作坊区和墓葬区。

其他还有化石地点、灰堆⑰、仓址、坝址……

以上分类是从单一遗迹进行的。如果从遗址整体考虑，可按功能性质分为生活场所、手工业作坊、军事设施、宗教遗迹等；埋藏环境分为洞穴遗存、平原遗存、水下遗存等。

生活场所有镇江营新石器遗址、张营商代遗址、琉璃河西周遗址等。

手工业作坊遗址有东胡林石器加工地点、琉璃河西周制骨作坊、通州小街汉代陶窑场、龙泉务辽代瓷窑场、延庆水泉沟辽代冶铁场、延庆石清洞铜矿、延庆石槽铅锌矿、房山大白玉塘采石场、门头沟煤矿等。

军事设施有延庆火焰山营盘，平谷将军关、花峪长城，昌平流村明前长城，密云北化石岭长城水关，怀柔河防口敌楼等。

宗教遗存有各类寺庙宫观，如石经山的系列藏经洞、塔基、云居寺、灵岳寺等。

水下遗存包括了水下或曾经在水下的古河道、湖泊、沉船及船货、港口、堤岸、码头及其附属设施、渠坝、桥闸等遗迹，包括瓷器、铁器等遗物。

一些分布呈块状或线形的区域，遗址较为集中且类型一致，较好地保存了古代文化信息，应赋予整体保护和利用的规划和操作，如地下文物埋藏区。大运河、长城、西山—永定河三个文化带就分别是以漕运，军事设施，皇家文化、宗教文化、传统民俗文化、陵墓文化等为主的文化遗存的反映⑱。

和遗迹一样，北京的出土遗物五花八门、种类齐全，可研究的内容包罗万象、博大精深。

考古学的研究对象，大致分为人工遗

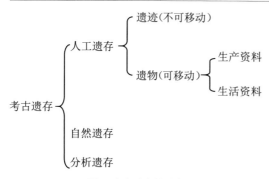

图二 考古遗存的分类

存、自然遗存和分析遗存（图二）。

人工遗存包括遗迹和遗物，是人类行为的直接产物。大多数遗物都属于人工遗存。对它们分类最主要的标准是质地，其次还有时代、功能性质等，以质地为例：

石器：旧石器时代北京属于华北地区的小石器系统。周口店系列地点出土了大量打制、琢制石器。进入新石器时代后，东胡林、转年等遗址新出现了磨制、细石器，上宅遗址的盘状器十分有特色。石器是石器时代最主要的生产工具，商周时期也有大量出土，之后其地位被陶、铁、瓷器取代。除石器外，还有墓志、墓碑、石经等石刻文物，唐代墓志数量最多。

陶器：从新石器早期的东胡林、转年遗址中首次出现制作技术不高但已脱离原始萌芽状态的陶器，到清代的粗陶罐，种类、样式繁多。大量的墓砖、屋瓦也应归入此类。一万余年来，毫无疑问，如果不考虑周口店系列地点没有确切数目的石器，陶器是北京出土地点最广泛、数量最多的遗物。

瓷器：琉璃河西周墓中出现了原始青瓷器，此后自魏晋直至清代，瓷业大兴，特别是元代之后，窑别丰富，出土数量众多。密云冶仙塔基的绿釉贴花净瓶、元大都的龙泉三足炉、凤首青花扁壶等都是北京瓷器中的精品。毛家湾发掘的100余万片瓷片是目前国内单一单位中数量最多、窑口最多的陶瓷考古发现。

铜器：铜是人类认识并用以制造器具的第一种金属。北京较早的铜器是商代昌平张营出土的铜刀，平谷刘家河的铜罍、盘等。西周琉璃河的青铜器上铸刻有文字，记载了分封燕国的史实，同时冶铸工艺技术也达到了一个新的高度。汉代之后的铜镜，浓缩了各历史时期的思想观念与审美情趣，在铸造工艺、合金配比等方面都处于先进地位。此后一直到清代都有各类铜饰，种类样式也较多。铜钱的种类和数量也很多。

铁器：平谷刘家河商代墓葬中出土的铁刃铜钺，是北京迄今最早的铁器，在国内也属较早者，确认为陨铁锻制。春秋时期，延庆军都山的玉皇庙文化墓葬出有铜柄铁刀。铁刃推测是人工冶炼的块炼铁，采用了"铜包铁"的分制法。战国秦汉时期，铁器兴盛，渔阳郡设置了专门的铁官。铁器的种类主要有斧、刀、凿、铲、锄等[19]。

玉器：包括软玉、硬玉、玉髓、水晶等。迄今明确最早的玉器是平谷刘家河商墓中的玉斧等及昌平张营遗址的玉饰等。之后有镇江营商周四期的玉玦；西周琉璃河的玉佩饰、礼器等，共20多类，二三百件；还有昌平白浮的西周玉鱼；延庆玉皇庙的春秋玉佩等，直至明代的玉饰、带板、摆件等，以及清代的玉器。

玻璃器：有战汉之际的耳珰，西晋华芳墓的玻璃碗，唐代刘济墓的玻璃器，清代的蜻蜓眼、串饰、眼镜片等，其成分多属于铅—钡—硅系。

漆器：西周琉璃河的漆器有的器表镶嵌蚌泡、蚌片、绿松石或金箔等，并有彩漆绘图案，个别漆器表面雕花[20]。老山汉墓的漆案、漆奁等体量巨大，图案精美。元代后英房的平脱薄螺钿是元代考古中的首次发现。

木器：大兴康庄的辽代木桌椅，持净院塔林的木函，圆明园大宫门御河的木质河道地钉、桥构件等。

骨器：旧、新石器时代骨器较多，如尖状器、雕刻器、鱼镖等。西周琉璃河、白浮、镇江营出现了卜骨。之后时期骨簪、骨梳等较为常见。北顶娘娘庙东侧的清代墓葬中有骨牌。

纺织品：大葆台汉墓出土了刺绣、纱冠等，海淀玲珑巷、石景山五里坨太监墓中的丝织品在北方地区少见。

其他各类文物还有：蚌器、贝器、金器、银器、锡器、铅器、宝石、竹器、杂项（角器、牙器、琥珀、珊瑚等）、有机类文物等。

这是以大类划分，倘若细分，还可从中分出若干亚类。细分的标准有材质、形态、功能、制作工艺等，都可以切入深研，亚类之下还可以不同的标准再分。

自然遗存是人类行为形成的派生物，包括人类骨骼标本、动物遗存、植物遗存、石料、玉料、金属矿石、染色原料、烧土、土壤等。

人类骨骼标本埋藏于墓葬、祭祀坑中。要注意的是，一些瓮棺中未成年的儿童骨骼十分细小，而包含的信息却不容小觑。通过骨骼化学和分子生物学、体质人类学等研究，可以进行种族类型鉴定和人群亲缘关系分析。张营遗址中的残破人骨上有切割痕、砍痕和敲击痕，半数以上人骨被烧过，是否与遗留的食人之风有关？老山汉墓的人骨经体质人类学、古代DNA、颅像复原三方面研究后可知，墓主人为一名30岁左右的女性个体，其体质性状具有蒙古人种的特征，并与东亚蒙古人种较为接近；在古代对比组中，与殷墟中小墓所代表的中原地区先秦时期土著居民最为接近，在近现代对比组中，与华北近代居民的种系特征最为近似。延庆西屯汉代至明清人骨性别比例反映由低到正常再到低的变化规律，随着年龄段的递增，性别比例也表现出增加的趋势。平均死亡年龄呈增长趋势，男性平均死亡年龄高于女性。汉代死亡高峰期集中在壮年，北朝和明清则集中在中年，古人的寿命表现出由汉代至明清增加的规律。西屯的汉代居民和北朝居民，在颅骨形态上具有较为明显的一致性，颅骨形态显示出较为强烈的亚

洲蒙古人种东亚类型特点。

动物遗存如动物骨骼、螺壳等。通过研究动物骨骼标本，可以揭示古代人们选择食物、狩猎、饲养家禽家畜等方面的经济生活和文化生活概况；通过动物骨骼的C、N稳定同位素分析，可以在揭示其食物结构的基础上，了解其生存环境，探索先民对动物的利用与驯养等情况。如对东胡林的兽骨鉴定后，得知大多是捕获的野生动物；通过稳定同位素分析的尝试得知，猎物的年龄都不大，所以采集和狩猎应是当时主要的生产活动，同时打猎也是为了制作骨器和装饰品。昌平张营发现的商代驴的标本，为研究野驴的分布和演化提供了线索。延庆胡家营战国时期以家养动物为主。

植物遗存如食用的粮食、自然界中的朴树籽等。通过探索这些与人类活动相关的植物遗存，了解食物生产的起源与发展过程，人类对植物的选择性驯化、栽培、使用及作物的传播与交流，背后的人类如何活动、又是什么样的因素制约或推动人们的行为，最终复原古代生态环境和社会历史。东胡林遗址发现了数量很少的栽培的粟和黍，应系距今约10000年栽培农业的收获。延庆水峪村的汉代遗址中，粟为大宗，其他粮食包括黍、大豆、荞麦、大麦、豇豆等。

延庆胡家营战国的石制品岩石资源利用程度降低，不同器类在岩石原料选择上有倾向性，主要器类更多地选用岩浆岩中的喷出岩和侵入岩，而玉石更多利用汽水热液变质岩。密云大唐庄辽代石棺经磨片处理后的显微观察得知石材取自北京地区的下奥陶统。

分析遗存是利用自然科技手段经分析处理考古遗存后得到的资料和信息。例如在延庆玉皇庙1件春秋时期的青铜罍中，有大量酒糟沉积炭化物，经鉴定为粟。所以推断这些粮食不是贮藏的，而可能是制作白酒的证据。昌平张营商代陶窑的陶盆内，出土的矿物质经分析为生石灰，可能

是陶器烧制过程中的助熔剂。延庆水泉沟遗址的孢粉分析表明，辽代广种栗树，后被冷杉等树种取代，而这可能也是大庄科辽代矿冶遗址中衰的原因之一。

4.民族关系碰撞交融

北京是一个巨大的历史结合部，是各族人民相互融合的大熔炉。北京如同整个中华民族的历史缩影，把燕山南北、长城内外连为一体，形成独具特色的"幽燕文化"[21]。

昌平白浮西周墓和军都山春秋墓葬中，既有具有北方草原民族风格的器物，也有中原农业民族的器物，从而充分证明，北京自古就是中原、北方民族交流的舞台。通州中赵甫的战国青铜器装饰动物浮雕的风格，表明受到了北方少数民族的影响。辽设国都之一的南京于今北京，金更是将都城由上京迁于此，元、清皆定都于北京。文化上的民族融合在物质上的表现是北京大量出土各民族特别是北方民族的器物，简要列举如下：

辽代契丹、金代女真等北方民族：遗留有捺钵文化的放鹰台、延芳淀等遗址。

奚族：延庆古崖居洞窟及遗址被部分学者认为是唐代奚族的遗留[22]。还有唐归义王李府君及夫人清河张氏墓、平谷鞯子坟村金代奚人墓志等。

西夏：元代耿完者秃墓墓主人是西夏党项族的后裔。

满族：清代初期大量的火葬墓应为满人的风俗[23]。

蒙古族：元代斡脱赤墓的多穆壶是蒙古族、西藏和青海游牧民族所用的器皿。

吐蕃：唐代论博言的墓志反映了从唐蕃和亲起，国家认同的概念就产生在吐蕃人的意识之中。

5.异国交往源远流长

北京虽处华北一隅，但由于地理位置的关键性，与其他国家有很多文化上的交往。成为首都之后，更为加强。考古上发现不少异国物品。

高丽：元大都出土了高丽生产的青瓷残片，一件是器盖的局部，嵌有云鹤纹，与新安沉船中打捞上来的康津窑青瓷盆纹饰相似[24]。金代乌古论窝论墓中的青釉葫芦执壶，也被部分学者认为是高丽青瓷[25]。

日本：北京不少清代墓葬中出有"宽永通宝"，尤以通州等地为多。"宽永通宝"是日本历史上铸造量最大也是流入我国数量最多的外国货币之一。它始铸于日本宽永三年（1626），从1636年开始大量铸造，前后流通长达240余年，后因德川幕府灭亡而废止。"宽永通宝"在长期的中日贸易及交往中不断流入北京。

琉球：有通州琉球国墓园和国子监的琉球学馆后轩遗址。

南亚：明定陵中的红宝石、蓝宝石、猫睛石、祖母绿等主要产自缅甸、斯里兰卡、泰国一带。

西亚：西晋华芳墓中出有萨珊玻璃碗，壁极薄，做工精湛。萨珊，是雄极一时的波斯帝国（今伊朗）的王朝。这件文物说明4世纪初的北京已与波斯文明展开对话。元、明两代，很多青花瓷器的釉料苏尼勃青来自西亚伊拉克、伊朗一带，例如香山军事科学院、地质力学研究所出土的瓷瓶等。最著名者，当属元代青花凤首扁壶。

欧洲：明代之后，外国传教士来中国者渐多。西城区车公庄有明代来华传教士意大利人利玛窦和清代来华传教士德国人汤若望、比利时人南怀仁等人的墓。

6.宗教信仰众教并存

历代特别是唐代之后，统治者对宗教采取了包容、优待和扶植政策，使得宗教遗存十分丰富。宗教文物众多反映了宗教文化海纳百川、众教并存的特点。一些研究者在归纳考古发现时甚至将"佛教考古"之类的专题性考古范畴置于与"墓葬考古"等普遍性考古遗存对等的地位。虽然这样对比并不妥当，但也足以说明宗教遗存丰富且独特，自成一个系统。

宗教遗迹包括儒家的文庙，佛教的寺、庵、院，道家的庙、观、宫，伊斯兰教的清真寺，基督教的墓地，满族的堂子，民间信仰的小宗教的建筑基址等。各类宗教都有相应遗迹的发现。

佛教：有隋代石经山云居寺石函，唐代门头沟灵岳寺，辽金大兴康庄塔林，辽代房山北郑地宫，元代庆寿寺塔基，明代通州麦庄塔、昌平南口和平寺、石景山五里坨净德寺、延庆应梦寺，清代海淀天光寺、昌平宝云寺、天宁寺钟鼓楼、万寿寺万寿阁、房山青龙湖大苑村永祥寺、大兴德寿寺、原崇文区夕照寺、东城区玉河庵等。清代藏传佛教盛行，经考古发掘的藏传佛教遗迹有普度寺、智化寺、西黄寺清净化城塔塔院大殿、香山昭庙、颐和园须弥灵境、北海万佛楼和大佛殿等。

道教：有唐代清河道士王徽墓，元代福寿兴元观，清代平谷丫髻山碧霞元君祠、朝阳北顶娘娘庙、原崇文区火德真君庙等。还有高碑店龙王庙，朝阳药王庙，通州三官庙、灶王庙、城隍庙等。

伊斯兰教：有通州清真寺邦克楼，昌平西贯市清真寺、南邵伯哈智墓，延庆岔道城清真寺等。

基督教：有车公庄明代传教士墓地。

景教：有元大都也里可温十字寺、房山车厂村元代十字寺遗址等。

民间信仰：有通州里二泗的娘娘庙等。

遗物有各种铜佛像、瓷佛像、经幢、石碑等。

7. 皇家特色引人瞩目

北京自金代定为中都后，之后元、明、清作为首都的地位未曾间断。近900年的帝都史使得北京的皇家遗存数量多、种类丰、典雅豪华。那些独一无二的皇家宫殿坛庙，别具一格的皇家园林、帝王陵墓等，是国内外其他城市所无法相比的。它们是皇家文化的缩影、中国传统文化的结晶。

宫殿及相关建筑基址：有金中都大安殿、元大都衙署、明代故宫西河沿建筑基址及故宫慈宁宫花园东院仁寿殿基址、清

代日坛建筑基础等。

道路：有十三陵神道、正觉寺御路等。

墓葬：有金陵、明十三陵两大皇家陵寝区，并衍生出大臣墓、嫔妃墓、外戚墓、宦官墓葬群、清代园寝等附属产物，如和硕和嘉公主园寝、海淀恩济庄太监墓群、北京工商大学太监墓等。

园林：有金代鱼藻池，清代圆明园、颐和园、北海、香山、大兴团河行宫、紫竹院行宫等。

其他：还有金中都城垣遗址、昌平明代巩华城、皇城墙遗址等。

8. 等级秩序尊卑有别

中国古代社会讲求"礼"。礼制即等级名分制度，用以确定上下、尊卑、亲疏、长幼之间的隶属服从关系，核心是等级制度。

在大量的墓葬遗存中深深体现着这种等级观念。"墓葬规格"，实际上就是墓主人身份级别的划分，由此产生了诸侯、高等级官吏、中下级官吏、平民、贫民等区别，其实质是社会结构的多层次。

诸侯墓：有西周琉璃河M1193、大葆台西汉墓等。大葆台西汉墓的"便房、梓宫、黄肠题凑"是实物的首次发现。

高等级官吏墓：有唐代刘济墓、史思明墓，元代耶律铸墓，清代荣禄墓等。

中下级官吏墓：有唐代艾演墓、辽代董匡信墓、金代吕恭墓、元代耿完者秃墓、明代徐通墓等。

平民墓：有大量的汉代单室墓、辽金小墓、明清普通墓葬。

贫民墓：有大量的无随葬品墓，甚至没有葬具。

建筑遗址也反映着等级观念。中轴线上的建筑重数，殿、堂、楼等主要建筑的数量、规模等体现着等级制度。延庆古崖居的洞窟有普通单间和豪华套间不等。元大都内的中书省、太史院、一般平民住宅等不同级别建筑的占地有着严格的界定。

9. 民俗文化多层多元

民族、宗教的多元化和社会结构的多层次，形成了雅俗共赏的多元化、多层次的风俗民情。北京民俗文化，以汉族文化为主体。作为中国近千年来的首都、历代的政治文化中心，人文荟萃，故而北京民俗文化也具有较高的整体水平。大量的考古发现表明了这一点。

衣：昌平陈庄辽墓的男俑结髡发。髡发是契丹人的发式。北方游牧民族已经持续使用这种发式达1000多年。山顶洞的骨针、汉代的铜带钩、清代的铜扣和铜顶针，反映了当时服饰的系扣方式和缝制方式。各类铜顶戴、铜银手镯、戒指、耳环、簪子、押发等反映了佩饰文化。

食：丁家洼、胡家营、水峪村等东周至汉代的遗址中，经过浮选鉴定，包括了三种谷类作物（粟、黍、荞麦），一种豆类作物（大豆），一种经济类作物（大麻），表明日常百姓主要的食物来源属于北方旱作农业传统。与之同时出土的，是石磨盘、磨棒等加工工具。东汉捣米俑反映当时前面一人踏碓、两人协作捣米的加工方式。辽代赵德钧墓的壁画中，出现了夫人手端一盘饺子迎客的场面。大兴辽墓中还出有芝麻。清代出土有筷子和铜勺。

住：延庆胡家营发现的战国晚期房址，以柱子撑起，建立于地面之上，室内建灶。后英房元代庭院遗址由主院、东西跨院组成，是元代典型的封闭四合院。主院正中偏北是五间正房，前出轩廊、后有抱厦。台阶两侧饰有精美的砖雕"象眼"。院中铺砌着高低错落的露道以连接东、西跨院。此外，还发现有清代磁器口四合院等。瓦当、滴水、抱鼓石、门墩等建筑构件也时有发现。

行：出土的道路主要是土路、石板路、青砖路；出行工具从汉代的马车俑、魏晋的牛车俑、骆驼队留下的"京西古道"遗留中可窥一二。

日用：日常生活用品发现有元代铜熨斗、铁炉子、清代陶渣斗等。

商贸：各代的铜钱，金代的金链、银链，元代的至元宝钞，明代的银元宝、大明宝钞等是货币贸易的反映，一些首饰上刻有商号。

婚丧庆典：辽金壁画上有侍洗、散乐、备宴、备茶、侍寝、童戏、理财、点灯等反映当时社会活动的图案。辽金墓葬出有祭台，明代出有"五供"、香炉、烛台等拜祖、祭祀用具。清代出有厌胜币，买地券相当于买地的契约，还有清代千叟宴的养老银腰牌等。

文化教育：出有金代暖砚，元代鼓式砚、影青笔山，明代铜笔筒、香熏等各类文房类文物。还有各类清代官学遗址，清代瓷器上的上学图等是当时教育场面的反映。

娱乐：有辽代的围棋子和明代的象棋子等棋类文物。元代鸟食罐是养鸟的反映，明代瓷瓶上有童嬉图、仕女扑蝶图、仕女游春图、戏剧图案等；清代的杂技三人、四人粉彩瓷俑，瓷童子，圆明园出土的葫芦范等都是社会娱乐活动的实例。

其他：清代出土有鼻烟壶、铜烟锅、怀表、眼镜等。

10. 城市规划经典传承

从城市考古的角度而言，城门、道路、水系、城内布局等与城相关的遗迹都是考察的重要内容。这些与早期城址一起，表现了北京城市的规划格局。

北京迄今最早的西周燕国都城城内已有宫殿区、祭祀区、手工业作坊区、平民生活区的划分。通州的汉代路县故城填补了国内汉代县城考古的空白，其中中轴线道路、正方形制已显规划端倪。房山窦店古城的西北隅已出现了子城，这表明其政治特殊性。

自辽南京以来，历代北京城的设计更是规范之极。都邑设计上追求方正规矩、中轴对称、象天法地，这种绝对理性的平面布局让人感受到规划者对秩序的追求。

辽南京城每面城墙上开两个门，从每个城门进城都是一条主要干道，至城里交叉成"井"字形，各坊内再开"十"字形街。这与唐长安城中东西两市的规划设计相似，这种城市规划类型较为少见。

金中都城的城市规划有两个系统：一套是唐地方州城的坊制，如原宣武区大吉片发掘的金代灶址，推断应为金代铁牛坊之所在；另一套是金中都扩展以后采取了比较新的街巷规划，而这种街巷规划在以后元大都的街道规划中得到了充分的发展。金中都既继承了唐幽州和辽南京的旧的城市规制，又模仿了宋汴梁城的新的城市建制，这种新旧城市规制并存于一个城市之中的情况，正是我国古代封建城市规划由中期转到后期的特点。

元大都的规划和修建在中国古代都城发展史上占有重要地位：三城相套的重城式结构是自北宋汴梁城以来的新形式；开放式街巷制的道路系统彻底改变了唐长安城的方块形的里坊制街道系统；中轴线更为明确[26]。前朝后市、左祖右社符合《周礼·考工记》的理念。如徐苹芳先生语，北京旧城是"中国古代都城规划史上最后的经典之作"[27]，享誉世界。考古发掘中，元大都街道建置的痕迹（通过枢密院、中书省、御史台等衙署占地了解）、南城垣、护城河等充分证明了这一点。

明清北京城市的格局中把五府六部都摆到宫城前，中轴线的格局更为明确。北京四中发现的元末、明初瓷片，其中不乏元青花、釉里红瓷片等精品，推测其与燕王府旧址有关。永定门基址、天桥桥址的发掘，对明清北京城中轴线的位置确定起到了实证作用。

此上对北京地区的考古遗存按照十二个时代进行了梳理，并归纳了十项历史文化特点，在此基础上，我们可以进一步研究北京考古的学科发展规律性，并探讨考古学对其他学科的作用。关于这一问题，我将另撰文章进行阐述。

① 郭京宁：《北京考古六十年的思考》，《北京文博》2010年第2期。

② 郭京宁：《考古工作在"繁荣古都历史文化、推动北京文化之都建设"中的重要作用》，《科学发展：深化改革与改善民生》，北京师范大学出版社，2012年。

③ 北京市文物研究所等：《昌平张营——燕山南麓地区早期青铜文化遗址发掘报告》，文物出版社，2017年。

④ 周正义主编：《北京地区汉代城址调查与研究》，北京燕山出版社，2009年。

⑤ "六期法"指将中国考古学分为旧石器时代、新石器时代、夏商周、战国秦汉、魏晋隋唐、宋元明清六个时期。大多数高校教科书均用此说。如张之恒等：《中国考古通论》，南京大学出版社，2009年；马利清：《考古学概论》，中国人民大学出版社，2010年；陈虹：《当代中国考古学》，浙江大学出版社，2013年。

⑥⑧ 郭京宁：《试论燕山南麓地区新石器文化的分期》，《温故思新——以北京为核心的考古学历史、实践与展望》，北京燕山出版社，2012年。

⑦ 苏秉琦：《燕山南北地区考古——1983年7月在辽宁朝阳召开的燕山南北、长城地带考古座谈会上的讲话（摘要）》，《文物》1983年第12期。

⑨ 郭京宁：《从北京昌平张营遗址所含文化因素看大坨头文化与周邻文化的交流》，《北京文博文丛》2015年第四辑。

⑩ 陈国强主编：《简明文化人类学词典》，浙江人民出版社，1990年。

⑪ 由张光直先生提出，指具有彼此联系和相互作用的区域文化。见《中国相互作用圈与文明的形成》，《庆祝苏秉琦考古五十五年论文集》，文物出版社，1989年。

⑫ 韩建业：《试论北京地区的新石器时代文化》，《文物春秋》2007年第5期。

⑬ 庞朴：《文化结构与近代中国》，《中国社会科学》1986年第5期。

⑭ 张光直：《考古学专题六讲》，生活·读书·新知三联书店，2010年。

⑮ 郭京宁：《北京古代的窖藏遗址》，《北京文博文丛》2012年第四辑。

考古所见的北京历史文化特点

· 89 ·

⑯ 北京石刻艺术博物馆：《北京地区摩崖石刻》，学苑出版社，2010年。

⑰ 郭京宁：《灰堆小议》，《考古与文物》2007年增刊（先秦考古）。

⑱ 北京市文物局文物保护处：《北京市"三个文化带"的保护与利用》，《北京文博文丛》2016年第二辑。

⑲ 郭京宁：《京津地区战国秦汉时代的燕系铁器及冶铁遗存》，《北京文博文丛》2013年第一辑。

⑳ 王巍：《关于西周漆器的几个问题》，《考古》1987年第8期。

㉑ 王玲：《北京与周围城市关系史》，北京燕山出版社，1998年。

㉒ 赵其昌：《北京延庆县"古崖居"——西奚遗址之探讨》，《京华集》，北京燕山出版社，2014年。

㉓ 赵光林：《北京出土的青花罐与清代火葬》，《首都博物馆文集》（第5辑），北京燕山出版社，1990年。

㉔ 冯先铭：《南朝鲜新安沉船及瓷器问题探讨》，《故宫博物馆院院刊》1985年3期。

㉕ 彭善国：《中国出土高丽青瓷述论》，《边疆考古研究》（第14辑），科学出版社，2013年。

㉖ 徐苹芳：《中国古代城市考古与古史研究》，《中国城市考古学论集》，上海古籍出版社，2015年。

㉗ 徐苹芳：《论北京旧城的街道规划及其保护》，《中国城市考古学论集》，上海古籍出版社，2015年。

（作者单位：北京市文物局）

房山区鱼儿沟村墓葬发掘简报

北京市文物研究所

鱼儿沟墓地位于北京市房山区拱辰街道鱼儿沟村西部，北望京石高速，西邻良坨路，南邻政通路（图一）。墓地坐落在北京小平原的西南角，地势平坦开阔。地理坐标为东经116°07′27″、北纬39°44′36″。

为了配合鱼儿沟村棚户区改造项目的工程建设，2016年11月，北京市文物研究所对墓地进行了勘探和发掘，发掘面积60平方米，共发掘墓葬4座，其中隋代墓葬3座、汉代墓葬1座。

根据发掘区内土质、土色及包含物统一划分地层，可分为四层（图二）。

第①层：现代建筑垃圾堆积层，厚20～93厘米，包含现代建筑垃圾、生活垃圾。

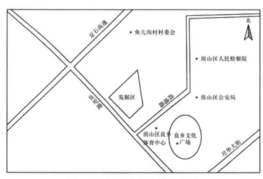

图一 发掘区地理位置示意图

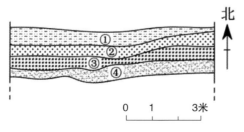

图二 T1北壁地层剖面图

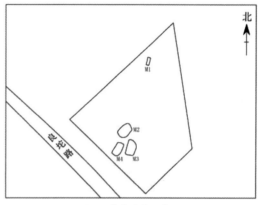

图三 墓葬分布示意图

第②层：耕土层，灰褐色砂土，厚52～60厘米，水分含量大，包含有草木灰烬和植物根系。

第③层：沙土层，厚35～56厘米，呈黄褐色，较细腻，水分少，包含有少量碎陶片。

第④层：淤土层，厚30～59厘米，青灰色，距现地表225～272厘米，土质较硬，水分含量大，包含有水锈色土及草木灰烬。

此次发现的4座墓葬均开口于③层下。M1偏于发掘区东侧，M2、M3、M4集中分布于发掘区西部（图三）。

现将此次发掘的3座隋墓及1座汉墓简报如下。

一、墓葬形制及出土遗物

（一）M2

位于M3、M4的北侧，开口平面略呈长方形，距现地表1.2米，为竖穴石圹墓。

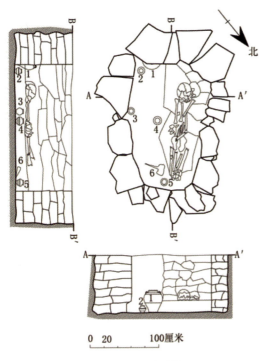

图四 M2平、剖面图
1.双系陶罐 2~5.陶罐 6.铁斧

石圹开口长2.8米、宽1.4~2米，墓室以石块垒砌而成，墓室南北长2.8米、东西宽1.5米、深0.8米。墓室西侧砌有棺床，棺床长1.8米、宽0.7米、高0.2米。墓室与棺床均用石块垒砌，所用石块大小不一。M2为双人合葬墓，两具骨架置于棺床之上，保存状况较差。葬式为仰身直肢葬，未发现葬具痕迹（图四；照片一）。

M2共出土遗物6件。其中陶罐5件、铁斧1件。

双系罐1件（M2:1），出土于头侧，

照片一 M2墓室及出土器物

泥质灰陶，斜方唇、短束颈，弧肩，鼓腹，下腹稍内收，平底。肩部饰两道凹弦纹，置两个桥形泥条耳。高30.7厘米、口径12.5厘米、底径12.1厘米（图七：3；照片二）。

陶罐4件（M2:2、M2:3、M2:4、M2:5），器形较小，形制接近。皆泥质灰陶。圆唇，短束颈，圆鼓腹，平底略内凹（图五：1、2、5、3；照片三）。

铁斧1件（M2:6），锈蚀严重，长15.6厘米、宽8.4厘米、厚5.1厘米，残留有木柄，残长19.7厘米（图六：2；照片

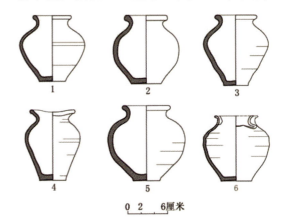

图五 M2、M3出土陶罐
1~6.陶罐（M2:2、M2:3、M2:5、M3:2、M2:4、M3:1）

照片二 M2出土的双系陶罐

照片三 M2出土陶罐

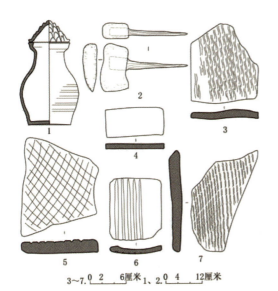

照片四 M2出土铁斧

图六 M1、M2出土器物
1.陶壶、陶器盖（M1:1、M1:3）2.铁斧（M2:6）4.石板
（M1:2）3.5~7.陶片（M1:4-2、M1:4-3、M1:4-1、
M1:4-4）

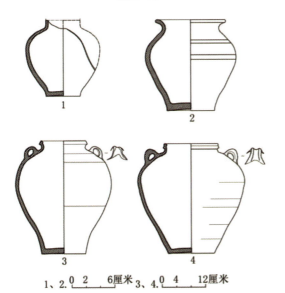

照片五 M3墓室及出土器物

照片六 M3出土双系罐

图七 M2、M3出土陶罐
1、2.陶罐（M3:3、M3:5）
3、4.双系罐（M2:1、M3:4）

四）。

（二）M3

位于M2的南侧、M4的东侧，墓室上部略残，现开口部位距地表1.2米，亦为竖穴石圹墓。石圹开口长2.8米、宽1.6米，墓室南北长2.4米、东西宽1.1米、深0.8米。墓室西部砌有棺床，棺床长2.1、宽

0.8米、高0.2米。墓室与棺床均用石块垒砌，所用石块大小不一。棺床上残存1具骨架，保存状况较差。葬式为仰身直肢葬，未发现葬具痕迹（图八；照片五）。

M3共出土陶罐5件。

双系罐1件（M3:4），出土于头侧，与M2:1形制基本相同，泥质灰陶，斜方唇，短束颈，弧肩，鼓腹，下腹稍内收，平底。肩部饰两道凹弦纹，置两个桥形泥条耳。高29.8厘米、口径14.9厘米、底径

考古研究

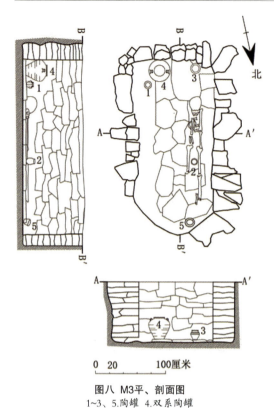

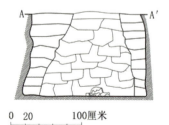

图八 M3平、剖面图
1~3、5.陶罐 4.双系陶罐

图九 M4平、剖面图

照片七 M3出土的陶罐

照片八 M4

12.6厘米（图七：4；照片六）。

陶罐4件（M3：1、M3：2、M3：3、M3：5），器形较小，形制接近。皆泥质灰陶。圆唇，短束颈，圆鼓腹，平底略内凹（图五：6、图五：4、图七：1、图七：2；照片七）。

（三）M4

位于M2的南侧、M3的西侧，墓室上部残，现开口部位距地表1.2米，亦为竖穴石圹墓。石圹开口平面略呈椭圆形，长2.8米、宽1.6米，墓室南北长2.1米、东西宽1.5米、深1.2米。墓室底部残存1具骨架，保存状况较差。葬式为仰身直肢葬，未发现葬具痕迹（图九；照片八）。

M4出土纪年砖1块（M4：1），位于头骨下方。灰陶质，长30厘米、宽15厘米、厚6厘米。光素无纹，一面刻有"开皇十八年六月三日良乡县顾桃铭"2列15字（图一〇；照片九）。

（四）M1

M1位于发掘区东部，开口于③层下，

· 94 ·

为长方形拱顶砖室墓（照片一〇）。勘探未发现墓道，属无墓道的小型砖室墓。拱顶距现地表1.2米。墓圹长2.75米、宽1.1米，墓室深0.9米。墓室南端有一道封门墙。墓室内填黄褐色沙质土，土质较疏松。

墓室内尸骨保存差，仅残存颅骨残片及腿骨残块。葬式可辨为仰身直肢葬，南北向，头北，方向195°。尸骨下方铺有数层残陶片，陶片层总厚度12～14厘米，陶片可辨纹饰有席纹、绳纹及弦纹，墓室底部用长条青砖残块平铺而成（图一一）。

M1出土陶壶1件、陶器盖1件、长方形石板1件。

陶壶1件（M1:1），位于头骨东侧，泥质灰陶，轮制，盘口，长束颈，圆腹微鼓，平底略内凹，腹部饰弦纹数周。口径13.8厘米、底径13.9厘米、高26.6厘米（图六：1；照片一一）。

陶器盖 1件（M1:3），博山式，泥质

图一〇 墓志砖拓片

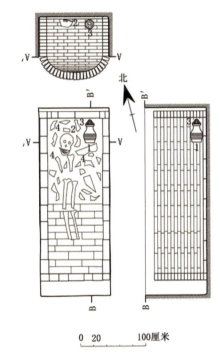

图一一 M1平、剖面图
1.陶罐 2.石板 3.陶器盖 4.陶片4片

照片九 M4出土纪年砖

照片一〇 M1

灰陶，模制，内壁可见捏痕，斗笠形，下口外撇，尖唇。盖径12.8厘米、高7厘米（图六：1）。此盖当与壶（M1:1）为一套。

石板1件（M1:2），位于头骨附近。长方形，一角略残，为紫红色粉砂岩质地，素面无纹饰。长9.7厘米、宽4.5厘米、厚0.8厘米（图六：4）。

为获取更多的年代信息，在陶片层

照片一一 M1出土陶壶

采集了4块陶片。M1:4-1，残，一面饰沟纹，长10厘米、宽8.6厘米（图六：6）。M1:4-2，残，一面饰绳纹，长12.9厘米、宽11.1厘米（图六：3）。M1:4-3，残，一面饰方格纹，长15.8厘米、宽13.3厘米（图六：5）。M1:4-4，残，一面饰粗绳纹，长16.3厘米、宽10.8厘米（图六：7）。

二、结语

M1出土的陶壶，与北京亦庄79号地M18出土的3件壶（M18:1、M18:2、M18:3）形制类似[1]，与河北阳原三汾沟M5:8、M8:4形制相同[2]，与《山西朔县秦汉墓发掘简报》划分的Ⅳa型3式壶形制近似[3]，三者的年代均定于西汉晚期，所以可以将M1的年代推定为西汉晚期。

M2、M3、M4这一组墓葬，位置排列紧凑、形制做法相同，且出土器物风格特点近似，因此这一组墓葬年代相同。M4出土的"开皇十八年"铭文纪年砖明确表明其下葬年代为开皇十八年（598）。因此可把这组墓葬的年代确定为隋代。此前，北京地区没有发现可确定为隋代的墓葬，鱼儿沟隋代墓葬的发掘是北京地区第一次发现隋代墓葬，填补了北京隋代墓葬考古的空白，具有重要学术价值。此次发现的墓葬形制、器物等，对甄别北京地区乃至周边地区北朝、唐初的墓葬具有标尺意义，对今后的考古发掘具有重要参照作用。

隋朝在今北京始终置有良乡县。此次出土的"开皇十八年六月三日良乡县顾桃铭"纪年铭文砖，为探讨今房山区的建制沿革提供了实证资料，对地方区域史研究具有一定价值。

发掘：李永强
照相：刘晓贺
绘图：刘晓贺
执笔：李永强　韩鸿业

① 北京市文物研究所：《北京亦庄X10号地》，科学出版社，2010年，第51—54页。
② 河北省文物研究所、张家口地区文化局：《河北阳原三汾沟汉墓发掘报告》，《文物》1990年第1期。
③ 平朔考古队：《山西朔县秦汉墓发掘简报》，《文物》1987年第6期。

昌平区东小口清代墓葬出土的
西班牙银币

北京市文物研究所

2019年2月16日至27日，在北京市文物局的组织下，北京市文物研究所为配合昌平区东小口镇工程项目，对前期勘探发现的古代遗迹开展了考古发掘工作，发掘面积316平方米。

墓葬所在地块位于昌平区东小口镇，全部墓葬均位于地块东部（图一），共发现晚唐五代时期墓葬2座、窑址2座、井1

口，明代墓葬3座，清代墓葬17座。出土银、铜、铁、瓷、陶料等各类器物70余件，其中发现的一枚外国银币较为罕见。根据它镌刻的文字、图案，结合相关历史资料，推断其为一枚西班牙"人像双柱"银币。以往这类银币多发现于福建、广东等沿海省份，北京地区出土很少。故此次发现的这枚银币对于研究该类银币铸造历

图一 发掘平面图

图二 M22平面图

图三 M22北棺平面图

图四 银币出土位置

史、形制特征、流通范围及中西方贸易交流具有重要意义。

一、墓葬形制

银币发现于清代墓葬M22北棺内。M22为长方形竖穴土圹墓，开口于①层下，墓口距地表深0.4米，长3.4～3.5米，宽2.4～3.2米，墓底距墓口深1.06～1.1米，墓底距地表深1.46～1.5米。墓室四壁较整齐，内填灰褐色花土，土质松散（图二）。

内置南、北、中三棺，其中南、北两棺均打破中棺。北棺棺木腐朽，棺痕残长2.1米，宽0.64～0.82米，残高0.45米，棺板厚0.03米（图三）。棺内骨架保存较好，骨架长1.8米，头西足东，面部缺损，向上，仰身直肢葬。墓主骨架硕大，颅骨较大，初步推断为男性。发现的器物有鼻烟壶1件、铜烟锅1件及大量清代铜钱。铜钱选钱规范，摆放整齐，可辨识的有"乾隆通宝"。部分铜钱出土时呈串连状，所穿麻绳已朽。银币发现于大腿骨下侧，应为下葬时自然散落（图四）。

中棺棺木腐朽，棺痕残长2.4米，宽0.62～0.7米，残高0.2～0.3米，棺板厚0.03米。棺内骨架凌乱，保存较差，头西足东，面向不清，葬式应为仰身直肢葬，初步推断为女性。发现镇墓砖1件、铜钱8枚，铜钱可辨识的有"康熙通宝"3枚、"乾隆通宝"1枚，其余均锈蚀不清。

南棺棺木腐朽，棺痕残长1.9米，宽0.42～0.52米，残高0.13～0.2米，棺板厚0.02～0.03米。棺内骨架凌乱，保存较差，骨架位于棺内下半部，长1.43米，头向西，面向不清，仰身直肢葬，初步推断为女性，仅发现"乾隆通宝"铜钱1枚。

二、银币形态及图案

银币表面虽有不同程度氧化或铜锈腐蚀，但字体纹饰较为清晰，品相较好。银币直径38毫米，厚2毫米，重26.7克。边齿为滚麦穗花纹，形如圈花，俗称"花边银"（图五、图六）。

银币正面是一人头像，周围镌刻译意为"蒙天主之恩卡洛斯三世"的西班牙文"DEI·GRATIA·1783·CAROLUS·Ⅲ·"，1783代表铸造年份。背面上方是一王冠，王冠下为一盾徽，周围镌刻译意为"荣任西班牙（印度）国王的"西班牙文"·HISPAN ET·IND·REX·M·8R·F·F·"，M上还有一圆圈表示在墨西哥铸造。8R即面值8里亚尔[①]。"F·F·"应是验金师和铸币工厂的首字母。在盾徽左右两侧为海格立斯双柱[②]，柱身挺拔，自下而上逐渐收

图五 银币正面

图六 银币背面

缩，素面，其上各缠一卷带，卷带上仍可辨识镌刻的"PLVS VL TRA"字样，此为拉丁文，意思是"海外还有天地""意味着新的地理大发现后旧大陆概念的破裂"。柱首简单，为多立克式柱。盾徽中部有十字分割线，将其分为四个大格和两个小格，大格平面呈长方形，对称分布，左上方和右下方内镌刻两个城堡；右上方和左下方内镌刻两只昂首做奔跑状的狮子，城堡和狮子均是西班牙王国权力的象征。盾徽中央的小格呈椭圆形，内镌刻三朵百合花。底部小格平面近似三角形，内镌刻一枝带叶石榴（图七、图八）。

此外，在这枚银币正面还有一些印记符号，如汉字"天"，英文"h"。福建省闽海沿岸曾发现大量西班牙银币，其上的印记符号还有"力""士""日""大"等，说明银币曾在许多中国商人或华侨手中流通过，是中外经济交流的可靠见证。

三、西班牙里亚尔银币铸造历史

1.西班牙里亚尔银币的始铸

这类西班牙银币又称里亚尔银币，第一枚里亚尔银币是14世纪中期卡斯蒂利亚与莱昂的国王卡斯蒂利亚佩德罗一世发行的正面带有加冠的国王名字首字母"P"的银币。15世纪亨利四世铸造了人像十字钱的里亚尔银币。1497年6月2日，西班牙王室颁布新的货币法律——麦迪纳德坎波法律，正式规定里亚尔为西班牙标准记账货币，铸有1/2、1、3、6、8里亚尔五种面值的银币，其中面值为8里亚尔的银币又称比索银币，其标准重量为27.468克，标准币径为39～40毫米。

2.西属美洲银币铸造

1492年哥伦布发现了美洲新大陆，开启了西班牙征服和殖民美洲的历史。为

图七 银币正面拓片

图八 银币背面拓片

了进行长期对外贸易，尤其获取中国、东南亚等地区大量稀罕资源，西属美洲得天独厚的银矿资源大量铸造银币，当时以墨西哥的萨卡特卡斯、瓜那华托、圣路易斯波托西和雷亚尔—德尔蒙特等四大银矿最为著名。1536年至1566年，铸造了含少量银的比龙铜币和各种小面额银币。1566年，菲利普二世进行了货币改革，将西班牙比索银币传入了西属美洲。这时期的比索银币实际上是"块币"（COB）或称切割银（1566～1651年），因该币的正面图案为十字架，故在我国明清文献中称其为"十字钱"。"块币"系采用手工打制的块状银币，因受力不一，银币厚薄大小不均，呈不规则块状，广泛流通于我国东南沿海一带，漳州民间称其为"锄头楔子银""锄头钱"等。这种银币正面为十字国徽，边缘印有拉丁字母和阿拉伯数字，拉丁文如"PA""ND"。背面为盾徽，边缘亦标记拉丁文和阿拉伯数字，拉丁文如"OMP""OMG""OMD"等③。随后开始铸造一种新型手工打制银币，俗称双柱水波银币（1651～1732年），其正面国徽内有一大大的十字，在十字的对角分布双狮、双城，背面正中为两根柱子，与两条横线交叉分为九格，格内分别印有拉丁文和数字，底部水波上有两根柱子，柱子上端应为王冠，似山子形或火焰状。有人认为它是向规范化双柱银币过渡的产物。近年来这类银币在我国福建法石一带多有出土④，从其上的铸造年代推测，其铸造时间应晚于"十字钱"。

从1732年至1771年，西班牙采用新式机器设备在美洲铸造"双柱双地球"银币，其形状规整，厚薄均匀，重量大体一致，先后经历了西班牙波旁王朝的菲利浦五世（1700～1746年在位）、菲迪南六世（1746～1759年在位）、卡洛斯三世（1759～1788年在位）三朝。其正面一般为双球双柱图案，双球居中，代表地球东西半球（亦有人解读为新旧大陆），上为皇冠，下为大海波涛。双柱象征大力神

"海格力斯"，柱首装饰繁缛，为科林斯式柱，其顶部各有不同形状皇冠，柱身绶带绕裹，上书"PLVSLTRA"，意为海外有大陆。银币周边镌刻西班牙文"VTRAQUE VNUM"，底部标识年份和铸地。背面是西班牙王国盾徽和皇冠，盾徽中有雄狮和古城堡相对，中间三朵百合花，下方近似三角形内是一带叶石榴花。银币周边镌刻西班牙文"·HISPAN　ET·IND·REX·"，盾徽左边的两个字母表示铸造批次和数量的标记，右边为币值。

1771年以后即开始铸造被称作"佛头"的银币，即铸有国王头像的西班牙银币的统称，又称"人像双柱"银币，为1772年西班牙卡洛斯三世对钱币改革后所铸。其正面为国王头像，周围镌刻西班牙文，下为铸造年份，背面中央为西班牙盾徽，两侧是海格力斯双柱，外侧环绕西班牙文。其经历了卡洛斯三世、卡洛斯四世、斐迪南七世和伊莎贝拉二世四代国王。1821年，随着西班牙撤出美洲殖民地，其在美洲的殖民统治结束，同时宣告西班牙比索银币在西属美洲停铸。

1864年以后，西班牙里亚尔银币先后改为埃斯库多、比塞塔⑤。比塞塔银币流通于19世纪后半叶，共发行8种版式，其正面图案先后出现了西班牙女神坐卧姿像、阿梅迪奥·德·萨伏伊一世头像、西班牙国王阿方索十二世头像、西班牙国王阿方索十三世头像等，背面图案为西班牙王冠、盾徽和左右双柱，盾徽图案下部变成了代表阿拉贡王国的竖条纹和纳瓦拉王国的米字形链条⑥。

四、西班牙银币在中国的流通

为了换取中国的丝绸、茶叶等物，自明万历时起，西班牙银币开始流入中国，最初称为番银或者番钱，清乾隆时期开始称为洋银或洋钱，并逐渐受到中国人的喜爱而成为明清时期主要的外国银币，即称之为本洋。

16世纪下半叶到19世纪初的二百多年间，其主要通过墨西哥与菲律宾马尼拉的航海贸易进而由中国和菲律宾商人的贸易行为不断地传入中国沿海商埠。根据全汉昇《明清间美洲白银的输入中国》一文：从16世纪中叶至19世纪20年代，大量美洲白银运往中国换取生丝、绸缎等产品，每年运往马尼拉的白银在100万比索至400万比索，而输入中国的白银总额可达2亿比索，占据了美洲运往马尼拉白银的一半。而彭信威在《中国货币史》中记载："自隆庆五年（公元1571年）马尼拉开港以来，到明末为止，那七八十年间，经由菲律宾而流入中国的美洲白银可能6000比索以上，约合4000多万库平两。"由此可见，当时流入中国白银数目之巨大，表明当时中国—马尼拉—拉丁美洲大帆船贸易巨大繁荣。

自18世纪中期以后，西班牙直接对中国贸易，商船可直航广东。同时，英国、荷兰、瑞典等国成为对广东贸易最为活跃的几个国家，这些国家对中国的丝绸、茶叶、瓷器有很大的需求，使大量的白银流入中国。1825年来广州的美国人威廉·C·亨特，在中国生活长达40年，他在见闻中也有当时美国输入西班牙银币购买中国货物的记载：

由于中美贸易的差额大大有利于中国，美国方面每年都把大量的西班牙银币和墨西哥银币输入中国，以平衡由于其他进口货物相对较少所造成的逆差。茶叶、丝织品及其他货物，都必须用现金买进然后运出，因此每一艘美国船都带来大量的银币，如"公民号"就带来35万银币。1831年有3艘船就运来110万银币。

除此之外，瑞典商船"哥德堡"号在1743年至1745年9月第三次远航中国时，随船牧师留下了详细的航海日记，据记载，"哥德堡"号商船到达的第一站是西班牙加迪斯。这艘大船要在加迪斯补给粮食、奶酪、黄油、水果、水、糖、牲口等，把从瑞典运载来的货物如铅、铁、木材、焦油和麻等全部出售，换成西班牙银币，作为到广州购买中国货物时的通货。

西班牙银币流入中国的另一个途径是在马尼拉从事建筑业体力劳动和服务业的中国人，其工资收入即是西班牙银币，由此其传入中国沿海地区并进而传入内地。

对于西班牙银币在中国的流通范围，明末已达广东、福建沿海，清康熙后期已逾梅岭而流向北方。日本学者百濑弘在《清代西班牙元的流通》一文中援引乾嘉年间汪辉祖的记载，说明在汪氏生活的乾隆后期，西班牙银币已经在浙江一带大为流通，并且嘉庆四年（1799）查抄和珅家产时，和珅供出的财产目录中，记有洋钱五万八千元，其中大都是西班牙本洋，足见其流通已至京师一带。

西班牙银币在中国流通还有一重要证据，就是其上刻印的各种中文符号，如"长""元""同"等。根据王成兰《广州博物馆藏西班牙银币略考》一文中经常援引的2007年西班牙中国年官方网站上的相关介绍：

商人、钱庄和银行为了能在本地流通，并且方便与其他国家的贸易往来，就在每一枚银币上刻上一个或数个官印，以此证明它的金属纯度或财会出入。加刻流通国政府官印的西班牙银币到中国还需要再打上中文标记。这些文字符号不仅反映出当时的数字或财会术语，而且还与财富或金属纯度甚至某个商户有联系。这些符号有：

数字，如：八、九、十、万；

出入账，如：盒、出；

商户和柜号，如：东、昌、圆或华侨等；

商品质量的标志，如：实和本；

形容繁荣的词汇，如：昌。

五、小结

根据历史文献记载，北京昌平东小口清墓中出土的这枚西班牙银币应属"卡洛斯三世"人像双柱银币，铸造地在西属美洲墨西哥，铸造年代为1783年。该银币面值为8里亚尔，其重量和直径与典型西班牙比索银币相比略轻、略小，推测可能与长时间磨损有关。

银币上刻印符号不多，推测其流通时间可能较短，应直接由墨西哥传入中国，"天"字似与当时的京师顺天府有关，也有可能与当时京师的某个商号、钱庄有关，这需要进一步的考证。

这枚西班牙银币的发现，是北京古钱币发现与研究的重大收获。从考古发掘上看，北京地区西班牙银币发现极少，它从考古资料上证实了西班牙银币已经到达中国北方地区，尤其京师一带，为清代晚期中西方经济文化交流和西班牙银币史研究增添了重要资料。

发掘：千新文、雷红洲

修复：董育纲
器物照相：王宇新
拓片：赵芬明
执笔：曹孟昕、张中华

---

① 里亚尔为西班牙银币单位。8里亚尔等于西班牙币值的1比索（PESO），即西班牙币1元。

② 海格立斯双柱是直布罗陀海峡两岸的阿比拉柱和卡尔比柱，其来源于西方神话中关于大力士的传说。

③ 庄为玑：《福建南安出土外国银币的几个问题》，《考古》1975年第6期。

④ 陈鹏：《略论泉州法石出土的西班牙银币》，《海交史研究》1981年第2期。

⑤ 1869年货币改革后，主币名称改为比塞塔，到1899年为止，共发行了八种人像银币。

⑥ 杨觉：《西班牙"小双柱"银币》，《收藏》2011年第5期。

博物馆人性化建设浅析

——以俄、乌两国博物馆为例

欧阳敏

人性化是脱胎于人本主义学说①的一个概念，它强调对个人需要的关怀，通过对相关设施的设计及周到的服务来使人的需求得到充分满足。具体到博物馆中的人性化服务，就是要充分考虑博物馆观众（包括潜在的博物馆观众）的需求，使博物馆内的各项基本设施和服务与人的惯常行为相协调，与人的心理状态变化相适应②。

为实现社会主义文化大发展大繁荣，2008年1月，国家出台政策，博物馆、纪念馆向全社会免费开放，这是加强社会主义核心价值体系建设和公民思想道德建设的有效手段，是进一步提高政府为全社会提供公共文化服务水平的重要举措，是实现和保障人民群众基本文化权益的积极行动。免费开放给博物馆带来了更多的观众，同时也对博物馆的基础设施建设和服务水平等提出了更高要求。博物馆不仅是传播知识和文明的地方，也是播撒人文关怀的重要场所。本文通过馆舍设计与建设、策展陈列、活动及服务等角度阐述俄罗斯和乌克兰两国博物馆在人性化建设方面的做法，以期为我国博物馆提供一定的参考和有益借鉴。

历史传统和文化遗产是俄罗斯和乌克兰两国人民的精神支柱。俄、乌两国非常重视对博物馆珍品和历史建筑文物的保护，通过博物馆提高公众的文化修养，丰富民众精神生活，开展社会教育。如今，参观博物馆已成为两国人民的一种生活方式和"生活必需品"。

一、人性化设计

（一）馆舍设计与建设

馆舍是博物馆举办展览、开展活动的主要场所和关键载体，因此，馆舍的设计与建设是实现博物馆社会功能的重要前提，在博物馆馆舍设计和建设方面，不但要重视建设速度，更要重视功能保障；不但要重视建设规模，更要重视长远发展；不但要重视造型新颖，更要重视地方特色；不但要重视建筑装饰，更要重视陈列展览；不但要重视硬件投入，更要重视软件支撑，这样才能使博物馆建设与博物馆的性质、主题、功能高度统一，与周边环境和历史文化氛围协调一致，与观众舒适方便的参观感受完美融合。

以俄罗斯卫国战争纪念馆和乌克兰二战历史纪念馆为例，两馆都是为了纪念伟大卫国战争而建立的国家级大馆，都由其所在国的文化部主管，两馆的地理位置良好，馆舍建筑气势恢宏，而且占地面积非常大，它们的馆舍建设都采用了文化公园的模式。在博物馆总体平面布局上增加了馆内休闲娱乐、景观、公园，满足了观众参观、休闲、娱乐等多方面的需求。俄、乌两馆的主体建筑和周边建筑都非常有创意，但又紧扣主题，两馆的建筑和景观既注重细节设计，又不失整体呼应，具有强烈的震撼力。既有气势恢宏的主体建筑，又有可举行音乐会和庆祝活动的胜利广场或馆前广场，不仅有极富艺术感又紧扣主题的雕塑群、配套景观（纪念碑、长明火、教堂、喷泉等），还有在公园里功能齐全的餐饮娱乐设施（特色小吃店、咖啡厅、纪念品商店、游乐园、拍摄婚纱照等），在这里，观众们可以参观展览，还可以享受温馨、舒适、休闲的室外游览空间，感受厚重历史与现代生活相结合的自然美。

此外，在纪念馆外的公园里还陈列着二战期间各种军事装备和工程技术器材的实物，反映二战时期苏联海空军、工程兵、铁道兵的武器装备③。

（二）室内设计

博物馆室内设计应关注公共性、文化性、服务性等方面的人性化设计，需综合考虑社会性、时代感及观众的生理、心理需求等多种必要性因素。

1. 唤起共鸣的情感设计

俄罗斯卫国战争纪念馆为了方便观众对烈士的追忆与缅怀，在馆内特别设计了

"缅怀与哀悼厅"，供观众缅怀悼念第二次世界大战中前苏联2700多万的死难者。此外，在该馆二层还开辟了用于展示观众观后感画作的专门场所，题为"我眼中的战争"，吸引众多观众参与和体验，起到了非常好的互动效果。乌克兰二战历史纪念馆为了给后人营造一个祭奠亲属和英烈的场所，使他们得以尽情地抒发怀念和崇敬之意，搜集了6000多幅战争亲历者的照片和上千幅在战争中失去子女的英雄母亲的照片，悬挂在专门设立的14号展厅两侧的墙壁上（图一），让人产生强烈的震撼和共鸣④。

2. 方便舒适的体验设计

俄、乌两国的众多博物馆都非常注重符合人体功能和提升观众参观体验的人性化设计。如：博物馆内休息区域充足，座椅随处可见，且提供良好的休闲购物体验，咖啡厅、快餐厅、售卖亭、纪念品商店配备完善且物美价廉。不少博物馆还建立了专业阅览室，为观众和研究人员提供专业图书资料，开辟研究和阅览的场所。

图一 乌克兰二战历史纪念馆内用照片打造成的祭奠厅

图二　俄罗斯卫国战争纪念馆和乌克兰二战历史纪念馆的大型文物展示

俄、乌两国的博物馆非常注重为残障人提供无障碍设施，包括残障人员通道、无限制性的通过方式及针对残障人群特别设计的博物馆导向标识等。

（三）展览和陈列设计

陈列是博物馆实现其社会功能的主要方式，是博物馆特有的语言。展示内容是一个博物馆的价值所在，也是一个博物馆的灵魂所在，博物馆的社会功能主要就是通过陈列和展览来实现。在展陈设计方面，展览的主题要鲜明，思路要清晰，序厅和各个展厅既要有各自独特的设计理念，又不能脱离主题和整体设计。同时，在展陈中可适当、巧妙地运用3D、4D、幻影成像、多媒体互动项目等高科技手段，增加展览的趣味性和观众互动。与此同时，还要突出展陈的历史厚重感，把展陈的品位、特点、历史性充分地展现出来，体现国家、地区的气质性格和特点。此外，展陈设计要考虑所有受众群体的需求，既包括成人，还有儿童、青少年、老人及残障人士，要为不同人群设立相适应

的展陈辅助设施。陈列主题要贴近观众，陈列内容要满足观众，陈列形式要吸引观众。以俄罗斯卫国战争纪念馆和乌克兰二战历史纪念馆为例，两馆都是为了纪念卫国战争胜利而建，两馆的展陈大致有以下特点：

1. 主题鲜明，思路清晰。展陈内容处处突出"战争与和平"的主题。

2. 用文物说话。俄罗斯卫国战争纪念馆有馆藏文物30万件，展出的展品总数超过5万件，用大量的实物和图片生动形象地展示主题。乌克兰二战历史纪念馆也非常重视文物价值的体现，文物占据其展览的大部分空间。30万件藏品中，有2万余件常年对公众展出。

3. 两馆的展陈设计都极具人性化细节。如：两馆都非常重视老战士的作用，在馆内为曾经参加过卫国战争的老战士们专门设立了一个场所，供他们举办聚会，并经常创造机会让观众和老战士们接触互动，请老战士讲述其亲历的二战历史和故事。

4.两馆都充分尊重文物捐赠者。捐赠的文物在展陈中都标明了文物捐赠者的姓名,乌克兰二战历史纪念馆还设立了专题展厅,专门展出捐赠者捐赠的文物,使捐赠者获得尊重感,吸引更多的文物捐赠者捐赠。

5.展览中的历史图片、珍贵文物、艺术展品、红色歌曲和历史景观等各类形式的展示,以及在整个展馆的位置,都达到了准确、得体、和谐、协调的展示效果,且展板形式设计色调庄重、大方、典雅,给观众舒服、得体、美观的视觉效果。

6.在陈列中,两馆都十分重视油画等艺术品的运用,声、光、电等现代化手段较少,陈列强调和注重用历史实物来营造氛围,给人以古朴、厚重的历史气息。

7.善于用大型文物增加展览的气势与完整性。俄、乌两馆的基本陈列都展出了大批大型文物,如二战时期的飞机、坦克、大炮、车辆、船等(图二),非常吸引人。

8.展览涉及面广。两馆不局限于单调的战争主题的展览,还经常举办艺术、历史、人文等题材的展示,很好地丰富了展览的综合性,满足了观众多方面的需求⑤。

二、人性化活动

博物馆开展的各项活动,都要考虑社会公众的兴趣和喜好,开展人性化的活动,这样才能提高公众观展和参与活动的热情。要不断创新陈列展览的内容、形式和手段,加强博物馆文化传播的能力,提高精品意识,增加文化内涵和科技含量,实现学术性、专业性、知识性与趣味性、观赏性的有机统一,充分体现博物馆文化的教育性、时代性、科学性,以吸引观众经常走进博物馆。同时,还应该创建和拓展出更广阔的空间和更宽阔的领域,进一步拉近与社会公众的距离,增强博物馆的亲和力和影响力。

俄、乌两国博物馆的临时展览内容多是通过社会调查来确定的。开展各种文化活动也是根据人们的兴趣和喜好,做到"以人为本"。此外,还将社教形式外延至娱乐休闲范畴,与正式演出团体合作,在馆内举办大中型音乐会、戏剧表演等演出,票价较外界演出场馆有大幅优惠⑥。俄罗斯民族博物馆经常为观众举办手工艺品制作和民族艺术手工班,并进行成果展示。该馆固定展览也立意求新,展线上有专门的工作人员现场演示传统的制作过程,作品即是展线展品,同时也可以出售,这样大大增加了展览的趣味性和观众的参与度。

三、人性化服务

俄、乌两国博物馆的参观氛围亲切自然,参观环境温馨舒适,这与其人性化的服务密不可分。安保人员面容的微笑,和声细语的引导或劝阻,讲解员清晰且极富情感的解说,存衣、存包、售卖处的周到服务,使静态的文物陈列融入了活的情感交流。俄、乌两国都非常注重因人施讲,根据观众层次、类型、需求编写了不同版本的讲解词,面对孩子、学生、战士、老人、盲人等不同的群体,运用不同的讲解方式、讲解内容向他们传递知识和收获,如针对青少年观众的参观,博物馆会有专门人员为他们讲解,讲解者有时甚至会打扮成童话故事里的人物形象,增加讲解的生动性和趣味性,时不时给孩子们一些惊喜,让青少年从小就开始了解并热爱这个国家的历史,热爱博物馆。为了使残障人士也有参观博物馆的便利,方便这类人群观展,某些博物馆会主动邀请盲人参观展览,并且派专业人员给这些特殊的参观者担任向导,以特殊和别具一格的解说方式为其进行讲解。为方便失明游客"参观文物"、了解历史,博物馆还常年为盲人提供语言导览等免费特殊服务,专门制作了盲文版的免费游览手册等。

四、对我国博物馆人性化建设的思考与借鉴

博物馆免费开放以来，我国博物馆的人性化建设得到了很大发展，场馆设施环境显著改善，社会化程度有所提高，开展的活动形式更加多样，内容更加丰富。但是，随着各类博物馆、纪念馆越建越多，人们参观博物馆的兴趣却没有像俄、乌两国的民众那么浓烈。究其原因，或许在于硬件设施水平提高了，讲解、接待等软件服务没跟上，同时缺少观众感兴趣的展览和活动。

博物馆要持续发展，就必须走近观众、了解观众，积极创造观众感兴趣的内容。可从以下几个方面加以改善：

（一）根据观众的不同特点和需求，做到人性化的因人施讲

博物馆讲解工作是博物馆服务工作中的一个重要环节，针对不同观众的人性化的讲解形式，是博物馆人性化建设的一个重要指标。如何能在博物馆讲解工作中实现人性化的讲解？首先，工作人员应当注重讲解词的深化。讲解内容不能流于表面，而是要运用生动、精准的讲解词，针对展品史料所具有的文化内涵进行深入阐释，传递给观众更丰富的文化知识和历史知识，让观众获得一种精神层面上的享受。其次，在讲解过程中，需要注重有声与无声语言艺术的有机结合。既要采用规范的语音、语调和适中的语速来进行讲解，做到吐字清楚、发音准确、富有感染力，还需要通过讲解员表情、站姿、手势等无声语言艺术辅助讲解。此外，根据小学生、中学生、大学生、团体观众、零散观众、专业观众、重要嘉宾等不同人群采用不同的讲解艺术，在讲解之前，要全面了解观众的职业、学历、兴趣、参观目的等，了解之后，再决定采取何种讲解方式，是通俗易懂、生动有趣，还是专业深入、庄严肃穆，是采用提问式还是汇报式，总而言之，无论哪种讲解形式，都要注重和观众的互动，这样才能提高观众参观的兴趣，进一步拉近和观众的距离，让其更好地理解和记忆参观内容，起到更好的参观效果。

（二）策划展览要提前了解观众的喜好和感受

展览陈列是博物馆服务社会、开展对外宣传和传播的最主要手段和方式。面对多层次的参观群体，什么样的展览能够吸引观众，怎样让更多的观众走进博物馆，这是博物馆人性化建设成功与否至关重要的一环。基本陈列是博物馆展示的重要部分，一定要把其做精，努力提升基本陈列的内涵品质，而临时展览、专题展览则具有鲜明的时效特征，是对基本陈列的有力补充，此类展览要积极办出特色。首先，陈列主题要贴近观众，要让观众看得懂。这就要求博物馆在策划展览之前做好社会调查，充分了解社会需求，研究观众的参观动机，把握好观众的参观需求，找准观众在一场"博物馆之旅"中所要寻觅的东西，这对展览的主题定位很重要，是展览能否成功的决定性因素之一。其次，陈列内容要满足观众，要能很好地展现展览的主题和展品的内涵，展览陈列的内容既要准确丰富，又要能刺激观众的想象力，使其释放无限的好奇心。陈列内容可以通过为观众呈现独特有趣的故事的形式来表达，增加启发性和娱乐性，提高观众的关注度。此外，陈列形式要吸引观众。陈列形式是陈列设计者与观众进行交流的方法和途径，设计者要充分展示展品的魅力，以强烈的氛围吸引观众，可在展陈中适当、巧妙地运用3D、4D、多媒体互动等高科技手段，使展陈内容动静结合地展示给观众，既增加了趣味性，又传递给观众更生动、更丰富的信息。再者，展陈设计要考虑所有受众群体的需求。除以上几点之外，说明文字的撰写在展览陈列中的作用也不容忽视。展览陈列文字说明是展览陈列与观众之间沟通的桥梁，合理运用展览陈列中的文字说明，不仅能够起到传承

文化、传递文化信息的目的，而且能够帮助人们欣赏展品。在设计过程中，需要对说明文字内容、格式、结构和外在形式进行创新，结合不同展品特性，以"以人为本"的理念进行说明文字的应用。

（三）开展活动要着重激发观众的兴趣和参与性

除了举办形式多样的展览之外，博物馆还需要考虑社会公众的兴趣和喜好，开展人性化的活动，提高公众参与活动的热情。博物馆不能只着力于知识性和教育性，而忽略了观众的心理、兴趣、爱好等方面的因素，博物馆应配合不同观众的需求，打破旧框架，寓教于乐，通过多元化的活动，辅以生动活泼的形式，将知识性与趣味性紧密地结合在一起，让广大观众来到博物馆不仅有看的东西，还能参与博物馆的各种活动，寓学习于娱乐、体验中。如：可将社教活动拓展至娱乐休闲范畴，使观众在休闲娱乐中深化对场馆的了解和对展陈内容的认识，一举两得；还可以加强与社区、学校、部队等合作，建立博物馆进社区、进学校、进军营的长效机制。互动体验活动在博物馆发挥教育功能的过程中起着非常重要的作用，通过互动体验活动，启发观众在参与中探索、发现、欣赏和思考。博物馆在设计互动体验活动时，要充分考虑观众需求，不能仅凭馆方意愿设计，既要迎合观众娱乐的需求，又要达到博物馆开展教育的目的。开展的活动都要结合本馆和本地区的实际情况，不能生搬硬套，不能走形式主义，要办出特色，要切实吸引公众参与，并使其从中受益。

（四）人性化服务的好坏直接影响观众的参观感受

在人性化服务方面，要加强展陈和解说、服务细节的融合。不仅要为社会公众提供极富情感的高质量讲解，而且要根据观众层次、类型、需求编写不同版本的讲解词，因人施讲。除了提供专业讲解服务外，博物馆安保、保洁、存衣、存包、售卖等人员的服务也至关重要，直接影响到观众的参观感受和博物馆整体的人性化服务水平。同时，还应加强博物馆人性化设施的完善配套。此外，要将文化创意产品作为博物馆参观的延伸和补充。博物馆馆藏文物的历史价值、文化意义、艺术审美不应仅仅被保存于展柜之内，应通过努力创新途径，使观众的参观体验得到延伸、参观认知得到加深，而文化创意产品就是一种达到上述目的的有效途径。文化创意产品是博物馆藏品的延伸，是文化遗产的有机组成部分。文化创意产品与民众生活紧密相关，更易为大众所接受和普及。博物馆在实践其传统使命之际，可借助文化创意产品提升社会大众生活审美、消费文化的品位，加深大众对传统文化的认知，文创产品开发是彰显博物馆品牌形象的重要举措。当下，文创产业发展势头良好，但是我国大部分博物馆在文创产品开发和销售方面，还存在不少问题亟须改善，如：文创产品开发重观赏轻开发，市场需求有限。要做到艺术性和实用性并举；文创开发层次低，吸引力不强。要兼顾不同消费人群的需求，高中低档产品要一应俱全；文创产品大同小异，缺乏创意。本馆特色是文创产品的"根"，要突出本馆的文化特色和主题特质，才能让产品具有独一无二的市场竞争力；文创产品市场推广欠缺，缺乏专业的市场化运作。文创产品开发销售人员部分工作人员在专业的设计和销售理论方面较为薄弱。博物馆要加强这方面人才的培训和激励，同时要注重文创产品的市场营销，不能只局限于场馆内，要采取线上线下整合营销、新媒体营销，在人流集中、人流量大的地方设立专营店等多渠道形式推广销售，这样才能让文创产品走出闭塞的场馆，迈向更广阔的社会。

在免费开放背景下，博物馆如何建设人性化服务设施，如何开展人性化服务，是博物馆管理者、从业者思考和亟待解决的问题。我国的博物馆处于快速成长阶段，场馆建设和硬件设施建设已达到比较高的程度，但是软件建设方面与俄、乌等国博物馆还存在一定差距。中国博物馆事业需要可持续发展，需要人性化的建设，需要贴近公众生活，以观众的兴趣点出发，创新服务内容与形式，提升人性化服务水平。我们应当立足于"以人为本"的理念，把"人性化"作为发展的最高价值取向，以创新促发展，不断完善博物馆公共文化服务功能，最大限度发挥博物馆社会教育的职能。尊重观众、理解观众、关心观众，只有不断满足观众的全面需求，才能吸引观众走进博物馆，才能促进博物馆自身的全面发展。凭借中国丰富的历史、人文和自然资源，借鉴国外博物馆的成功经验，一定能把我们自己的博物馆建设成为人类文明记忆、传承、创新的重要阵地，大众启迪智慧、陶冶情操、欣赏艺术、文化休闲的理想场所，普及科学文化知识、提升公民素质、提高社会文明程度的重要平台。

① "人本主义"于20世纪50—60年代在美国兴起，70—80年代迅速发展，人本学派强调人的尊严、价值、创造力和自我实现，把人的本性的自我实现归结为潜能的发挥，而潜能是一种类似本能的性质。人本主义最大的贡献是看到了人的心理与人的本质的一致性，主张心理学必须从人的本性出发研究人的心理。

② 吕军、李说：《免费开放语境下博物馆人性化服务的建设——湖北省博物馆免费开放观众调查与启示》，《中国博物馆》2011年合刊。

③ 官网介绍："馆简介"版块，俄罗斯卫国战争纪念馆官网https://victorymuseum.ru/和乌克兰二战历史纪念馆官网http://warmuseum.kiev.ua/。

④⑥ 官网介绍："馆开展活动介绍"版块，俄罗斯卫国战争纪念馆和乌克兰二战历史纪念馆官网。

⑤ 欧阳敏：《战争纪念类博物馆的社会职能再认识——以俄罗斯卫国战争纪念馆和乌克兰卫国战争纪念馆为例》，《西江月》2014年4月中旬刊。

（作者单位：中国人民抗日战争纪念馆）

数字技术在文物保护利用工作中的应用探讨

——以巴黎圣母院火灾启示为中心

李卫伟　张予正　刘　科

北京时间2019年4月16日凌晨，法国巴黎圣母院意外失火，火势逐渐蔓延，中轴塔在大火中倒塌，部分建筑物被烧毁，约三分之二的屋顶发生坍塌，各种木质结构也几乎烧毁殆尽，这座拥有852年历史的法兰西标志性建筑几乎毁于一旦（图一）。

祸不单行，大火熄灭后的几天，巴黎迎来降雨天气。大火中幸存下来的结构有不少已经脆弱不堪，很容易在降雨中"二次受损"，同时，由于火灾改变了建筑结构，其抗风能力将大幅减弱。

巴黎圣母院享誉国际，久负盛名，但如此大规模的建筑，本身就有不少人为或非人为的安全隐患。同时，随着科技的发展，越来越多的电器设备被搬进古老的建筑。电器短路、线路老化同样也是许多火灾的起因。这座年久失修的建筑，艺术和人文的瑰宝，由于一场突如其来的大火，正在面临能否继续存在的危机。

一、巴黎圣母院的文物信息数字化工作概况

虽然法国官方已经承诺重建巴黎圣母院，但想要重建这座哥特式教堂并不简单，大门上数百个精细的浮雕、绚丽的玫瑰玻璃窗，其精湛的手艺有的可能已经失

图一　遭遇火灾事故的巴黎圣母院（图片来源于网络）

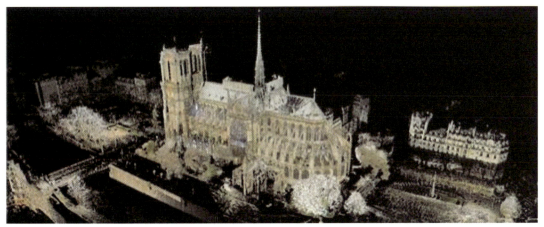

图二 安德鲁·塔隆2015年对圣母院的三维信息采集图（图片来源于网络）

传，重建后虽外形一致却未必能够使用原始的工艺和材料……正是在这一时刻，我们才发现，这么多视频记录、照片记录、文档记录在真正的文物复原修复工作准备推进时，还远远不够。

相比于韩国崇礼门2008年的火灾，巴黎圣母院幸运的是，自2004年三维数字化扫描技术基本成熟以来，全世界的文化遗产保护工作者都在积极利用这项技术对重要的不可移动文物（也包括可移动文物）进行采集存档。在2015年，艺术历史学家安德鲁·塔隆就曾利用徕卡ScanStation C10地面三维激光扫描仪进行圣母院的空间数据采集，精确地记录下了巴黎圣母院的全貌。虽然地面三维激光记录数据信息对巴黎圣母院这样带有大量雕饰、细节、纹理及色彩的建筑来说是远远不够的，但安德鲁的团队在之前还利用数字模型技术创建出一个相对完美、精确的大教堂三维模型（图二）。

安德鲁的三维激光扫描可以说基本完成了圣母院的数字存档工作，如果没有这场大火，也许这些数据就仅有研究人员偶尔翻出，进行一些测量工作，然后根据需要选取一部分再进行模型化、色彩附着等一系列漫长的工作。然而一场火灾将这份"三维数字档案"瞬间转化为文物维修、重建所需的唯一一份信息最全、精度最高的建筑档案。

除了安德鲁的"数字档案"，巴黎圣母院还阴差阳错地产生了另外一份数字存档：这份存档虽然准确度比不上安德鲁的三维扫描版本，其知名度却远超科学记录数据，是在这次火灾之后迅速进入公众视野的一份特殊的"历史记录"——电子游戏《刺客信条》中的复原版本。这款记载了巴黎圣母院的电子游戏是法国育碧公司动作冒险类系列游戏《刺客信条》的第五部作品，也是该系列第一部采用了最新图像技术的作品，其真实度和细节丰富程度大幅提升。

此次巴黎圣母院大火引发的有关文物数字化存档的热议，可以说是一场现代数字技术应用实践领域与传统历史文化保护工作的重要交叉点。同时，每一个文物工作者也明白了，在真正涉及到大型不可移动文物的修复工作时，对于存档过程中数据记录的精度要求再高也不过分，因为这些珍贵的宝藏一旦损毁，就很可能彻底消失且永远无法再生。唯有依靠这些三维数据信息，才有一线重生的机会。

二、数字技术在文物工作中的应用情况

在整个社会的科技水平已经进入数字化时代的背景下，数字信息技术已经融入到人们日常生活中的方方面面。智能电

话、虚拟现实、大数据信息，这些曾经只存在于科幻文学描述中的事物一一成真。数字化技术可谓是当今社会最杰出的"手工技艺"。

2017年中共中央政治局第二次集体学习中，习总书记提出将我国建设为"数字强国"的"互联网+中华文明"的国家战略，使数字技术在更深的程度上影响整个社会；2018年中共中央办公厅和国务院办公厅联合发布了《关于加强文物保护利用改革的若干意见》，文件指出，文物是促进经济社会发展的优势资源，是培育社会主义核心价值观、凝聚共筑中国梦磅礴力量的深厚滋养，更是促进社会大众坚定传统文化自信、传承中华文明、实现中华民族伟大复兴中国梦的战略基础。

历史文化遗产是中华文明源远流长的伟大见证，上述文件的定位将文物和文物保护利用上升到了"国家战略"的高度，足以证明我国在文物保护与活化利用工作上的重大决心。因此，在国家数字战略和文物战略的双重视野与政策支持下，文物工作者应深度运用数字技术，结合"互联网+中华文明"战略思想，做好文化遗产的展示传播与保护利用工作，让文物来讲述历史故事，成为数字技术下新时代的人民教师。

那么，如何将数字技术运用到文物的保护与利用工作中，使得文物的保护与利用紧随时代科技水准和国家发展战略的脉搏，是摆在文物工作者面前的一个重要课题。近年来，我国一直在探索数字技术在文物保护与利用事业中的发展前景，同时积极开展了一系列将数字技术运用到文物保护与利用中的实践活动。总结其应用的内容和方向，大致可以分为三个方面：

1. 数字信息采集与建档工作

正如前文所述，安德鲁团队所做的基本上就是此项工作，即数字信息的采集与建档。编制文物保护单位记录档案是《中华人民共和国文物保护法》中对文物基础信息的法律要求，俗称"四有"档案

工作。利用三维数字技术采集文物信息是新时代技术背景下的一种建档工作的技术提升，这是一种必然的趋势，是更全面留存文物真实信息的需求。与此同时，世界遗产组织在2004年发布的《保护数字遗产宪章》中，也强调了以数字信息完整而真实地将这些历史遗留下来的珍贵不可移动文物保存下来是一种时代的需求。更为重要的是，如巴黎圣母院的事件一般，一份完整的历史文化遗产基础数据信息资料，是开展各项文物保护与利用工作的前提。而应用于文物保护工作领域中、制作这份"完整资料"最为常见的数字技术，即三维激光数据信息采集。以地面三维激光扫描仪为例，其扫描距离范围普遍在50米至1000米，因此被大量使用在尺寸高大的建筑数据测量及采集存档上。目前，我国已对大足石刻宝顶山千手观音造像、龙门石窟、孙中山纪念堂等著名大型不可移动文物开展三维激光扫描与数字化建档工作。另外，扫描精细雕刻、壁画等还可以使用手持扫描仪。

这种依靠数字技术进行信息采集、留存的方式，对于我国不可移动文物的建档、档案数字化工作起到了非常重要的作用。因为它依靠点云等三维数据加工处理、自动生成正射影像图、三视图等，成果相对于传统法式测绘信息量要丰富很多，既提升了工作效率，也是为大型不可移动文物添加的一张安全底牌。因此，这种数字化是对各类文物进行测绘的工作，也是全面保存文物信息的良策之一，更是新时代新技术背景下文物人的历史使命。

2. 文物的监测与检测分析

文物的监测也是文物安全的重要方面。数字监测技术已经在很多行业内开始应用，包括文物行业，也开始利用航空三维摄影测量监控大面积和长距离线性文化遗产。上文所述的点云数据也可以达到监测分析的效果。根据控制网布设站点对一座文物建筑进行三维激光扫描之后获得的点云数据图，可以做两方面的检测分析：

一方面是可以与古建筑基准值进行比对分析，从而得到建筑歪曲变形、损毁面积等病害信息，进行古建筑的安全评估。另一方面，通过一段时期的两次高精度测量，可以分析两次测量时间段之间建筑的变形值或损坏面积比，折算出变形损毁速率值，进而用变形或损毁预警值除以该速率，得出较为准确的预警时间值，达到提前预警防治监测的目的。

3.利用数字信息的便捷性进行展示传播

文化遗产的保护行为既是一种文化坚守，也是一种文化交流行为。数据信息的共享是数字技术的重要环节。文物三维数字信息如果能够实现展示，将大量珍贵的文物研究资料共享，让研究者能够快速获取所需信息，让社会公众充分了解历史建筑的珍贵价值和特殊性，充分激起大众对我国历史文化的热爱，这种研究与普及相辅相成的局面一旦形成，将成为提高公众文化素养和文化遗产保护意识的新思路。那么如何将数字信息进行展示可谓是基础的环节。

根据笔者从国内外现有的成果案例上分析，三维数字模型是保护利用展示传播的基础，对文物虚拟修复、虚拟展示起到了有效的辅助作用。但需要提出的是，地面站三维激光扫描和空中摄影获取的点云并不是数字模型，还需要使用3D建模软件进行数字建模。这是很多人容易混淆的事情。三维扫描更大程度上是测绘技术，根据测绘所得文物信息进行数字建模才能够应用到展示传输设备。如汶川地震后安岳石窟经目塔抢救性修缮项目中，依靠三维激光扫描测绘数据获取塔身现状信息，指导并计算出结构加固方案；近期宁波市相关文物保护机构基于点云三维数据，对享有"南方第一古建"美誉的宁波保国寺大殿进行了数字建模工作。据笔者了解，此次建模工作采取了剥去外廊重现北宋面貌和加上外廊的两种方式，在手机和网络端口实现虚拟拼装，有助于观览者、研究人员一览其结构奥秘。

因此，在依靠点云正摄图的基础进行初步数字建模后，以何种方式、何种平台去展示，便是活化应用文物数字信息的关键点。安德鲁先生团队也是基于点云建立模型才能够清晰地获得巴黎圣母院的细节信息。

近年来依靠三维数字模型兴起的数字展示方式主要有以下几个方面：

虚拟现实（Virtual Reality）技术是近年来数字三维技术的重大发明，即通过数字模型的导入等构造虚拟的空间，结合多种互动形式（如动作捕捉等）令观览者参与其中，具有极强的沉浸感和带入感。这一技术在西方国家很多文物博物馆和展览馆中都有使用，尤其适合消失的文物，通过数字建模等比例虚拟复原。另外，这种虚拟展示还具有设备轻便、占用空间小等优势，十分适合移动和巡回展览使用。

另一项可以辅助数字建模展示的技术是增强现实（Augmented Reality）技术，是指叠加在真实空间之上的，通过AR设备或者装载了AR程序的手机扫描特定物体，便会在对应设备、屏幕、端口内显示真实空间中叠加的虚拟物体。这种技术被认为是比虚拟现实更有巨大空间的数字技术。

第三个方向是基于体感和动作捕捉技术的虚拟游览和互动体验。这种技术创造一个场景，人们可以在大屏幕前进行一些动作，动作捕捉系统根据人们发出的动作指令，回馈给计算系统，并在屏幕上出现相应的内容反馈。这样就实现了人与场景的互动。这种技术更适合博物馆展示。

这些利用数字技术进行文物数据信息扫描、依靠史料进行虚拟复原与数字建模的过程、成果均可相对摆脱时间、场地等客观因素的限制，在进行充分的数字信息采集、档案数字化的同时，也可以充分进行数字化虚拟展示。这种结合行为具备一定学术研究价值，同时具有一定的艺术审美价值。在促进文物保护工作顺利推进的同时，更可以激发社会大众接触文物保护工作的积极性，真正做到使社会大众认识文物、了解文物，进而增强其文物保护意识。

三、数字技术的优缺点

2016年，国家文物局、科学技术部等五部门联合印发《"互联网+中华文明"三年行动计划》，用政策的形式重点强调了运用互联网技术进行文化展示传播的计划和目标。其中对文物的互联共享制订了非常细致的要求和目标，提出了建立文物大数据平台的目标。由此可见，采用数字技术、利用数字信息、构筑数字平台是当今文物工作者应该知晓、参与的必要工作事项之一。鉴于此，结合笔者近些年所参与的历史文化遗产信息数字化工作、古建筑数据信息三维激光扫描采集与建档工作，相较于传统的文物测绘与信息采集而言具有如下优点：

1.信息采集覆盖率上具有较大优势。传统测绘为选择性测绘，大体原则是测量建筑各节点尺寸，且无色彩信息。而三维激光扫描测绘技术对文物顶部数据、内部结构数据的采集毫无死角，且色彩信息相对真实。

2.数据测量精度具有较大优势。传统测绘技术中较高水平的手工测绘误差为厘米级，若测量现场情况复杂或测量人员水平有限，其误差甚至会上升到分米级。而三维激光扫描技术的误差可控制在毫米级。

3.从文物安全的角度上讲，三维激光扫描是完全无接触式的无损测绘，与传统手工测绘和全站仪测绘需要攀登和搭建脚手架相比对文物损伤更小。

4.从时间效率的角度上讲，测绘相同覆盖率的数据时，传统手工测绘所需时间至少是三维激光扫描所需时间的6到8倍。

综上所述，三维激光扫描技术对于大型不可移动文物的保护、建档、利用工作而言都是一项科学合理且高效的选择。但是三维激光扫描技术并非完美无缺，它在应用的过程中还是会面临一些问题：

首先，以北京地区为例，若要扫描某大型不可移动文物的顶部数据信息，或是生成轴测图以供档案收录是十分困难的。根据相关法律规定，北京地区六环以内实行空中管制，以无人机进行顶部数据信息采集的方式必然是行不通的。如此一来只得依靠脚手架、手持扫描仪、历史文献与卫星图纸资料进行尽可能的补充。

其次，数字信息采集有一个最大的问题是针对遮挡十分严重的建筑，数字采集的信息覆盖率非常低。而且这是目前的三维扫描（包括地面、空中和手持设备）、摄影测量等数字采集技术都无法解决的问题。以一座大杂院为例，由于临时性建筑大面积遮挡了文物建筑，因此数字信息采集无法识别哪些是文物本体，哪些是干扰建筑，后期数据处理也不可能完成。这些还得依靠手工测量和文字记录，如采取平行线测量法、三角测量法等剔除干扰，采集到需要的数据信息。因此，一份全面的文物信息还是依靠传统技术（尤其是修缮过程中的测量与记录）与现代技术的结合。另外，由于数字技术所需的设备并不是所有人都熟悉，也不是所有人都能接受，特别是一些需要一定了解度才能进行的操作更是不能让所有人，尤其是年龄比较大的人所接受。如虚拟现实就需要佩戴头盔、增强现实技术需要下载手机应用软件，这些都增加了展示传播难度。因此也需要传统方式与数字技术的结合。

再次，三维激光扫描生成的点云正摄图并不是模型，其视觉效果仍旧是不尽人意的。因为点云是由数以千万的点组成面，而非连贯的线条等。因此，这一初步模型若想进行进一步的展示、应用，必然是要进行人工修整或软件渲染的。以巴黎圣母院2015年的点云模型和育碧公司《刺客信条》内的巴黎圣母院模型对比，可以

图三　安德鲁三维扫描点云模型与《刺客信条》内模型对比

看出，三维激光扫描版本中，圣母院点云模型在建筑较为复杂的区域互的相遮挡、玻璃等半透明区域的数据缺失，以及点云数据模型本身产生的粗糙感，和电子游戏中几乎拟真的效果确实具有很大差别（图三）。而且这种差别对于非文物保护专业内的人士而言更加明显。

最后，由于数字信息普及度还不是很高，因此我们现行的工程制图、施工用图和测绘尚不能对接，还没有被实际用到设计方案、施工设计和竣工图中。而点云数据又不能直接生成CAD软件那样绘制的dwg格式的线图。传统的CAD制图仍然作为主流在使用。当然，随着工程中BIM软件的兴起，由于点云可以对接BIM软件，因此这一问题能否解决是技术成熟度和推广度的问题。

四、数字技术在文物保护工作中的应用前景

目前，虽然有故宫文创等既尊重优秀的传统文化、也容纳了创新意识的文创举措，但是从整体上讲，目前我们对于文化遗产的活化利用途径还是不够多样、灵活，相关的展示手段也多墨守成规，甚至浮于形式，导致很多人望而却步，不能引起普通人，尤其是不能引起年轻人的兴趣。

展示传播不够充分，造成人们不了解文化遗产所蕴涵的巨大价值，即人们常说的"端着金饭碗要饭、扛着金扁担挑担"的道理。因为不了解其价值，造成文化遗产的活化利用不够灵活多样，不知道如何让文化遗产在社会发展中扮演助推剂的角色，更有甚者认为文化遗产是经济发展的累赘，要永远靠财政补助，是一个填不满的无底洞。试想，认为民族文物是负担的群体一旦势大，何谈民族认同？对自己传统文化的载体都不能认可，何谈文化自信？

在新时代新技术蓬勃发展及国家政策大力扶持的背景下，加强传统展示传播方式与数字化展示传播方式的结合，让传统的展示传播方式成为新展示传播方式的一部分，新展示传播方式作为传统经典展示的重要拓展途径，真正实现将历史文化遗产背后所蕴含的无限价值推到社会大众的视野下，让文物真正活起来。

通过此次巴黎圣母院的大火事件、灾

后重建工作乃至那份偶然存在于电子游戏（《刺客信条》是以巴黎圣母院为场景开发的）中的"文物档案"，从一个文物工作者的角度来看，这一系列的事件对于三维激光扫描技术在文物保护工作中是否应用、如何应用、应用前景如何，提供了很多有价值的经验与启示：

第一，文物信息存档，尤其是数字化存档，其最大价值在于"挽回"。如同传统存档方式，数字化存档也需要大量的人力、物力进行采集、整理、制作，其所花费的时间和资金在文物保存健全时期看来是颇有些浪费。可是一旦文物产生损毁，这些数字档案其价值无可估量。文物的数字化存档，平时采集、整理与存储似乎就是单纯的投入，直到发生危急时才能发挥出它最大的价值来。因此，在文物的数字化存档上，应该在当前力所能及的条件下尽量采用最丰富、最高精度的手段进行存储。当我们真正失去这些文物时才会知道，无论多丰富、多高精度的传统存档，在进行修复时都是不够用的。

第二，三维激光扫描的数字信息采集仅处于初级阶段，其价值随着后续开发不断体现。自2004年传入我国，三维采集这项工作在整个数字化保护及应用领域仅仅是数据收集的第一步。以安德鲁团队扫描巴黎圣母院的事为例，扫描的初始数据看起来非常简陋，还有严重缺失。然而经过后期与实物摄影的融和计算、实测数据补充，四年后这个模型从精细度到准确度已经完全超越了游戏中的巴黎圣母院，真正具备了观赏价值和研究价值（图四）。然而，最早，也是看起来最简陋的三维扫描数据，却是整个数字化细节补充的大框架。就像素描的打稿，定下了整个画面的结构和基调，后面最花时间的往往是细节的填充。

第三，文物信息数字化保护所产生的社会价值和影响效应，需要更亲民化的媒介来展示。安德鲁对巴黎圣母院实施了三维激光信息数据采集与记录，其工作的重要意义无与伦比。然而在大火过后，社会及媒体却第一时间将一款并不怎么细致严谨的游戏推上热搜，这其实反映了专业工作与大众认知的巨大鸿沟。作为民众，他们很多人并不具备专业的保护知识和保护能力，但实际很多人都对历史颇感兴趣；作为专业保护人员或保护机构，他们大多数人的工作也是默默无闻，甚至不被理解。在这个似乎颇有矛盾的过程中，我们可以看到数字化技术在文化遗产保护工作中可能产生的巨大潜力——民众其实有兴趣、有爱好、也有热情在文物保护工作中提供自己的帮助，尽自己的能力；而一个国家的文化保护工作如果能具有足够的开放度让民众能够参与，有足够的包容度允许多种展示形式帮助进行技术革新，有

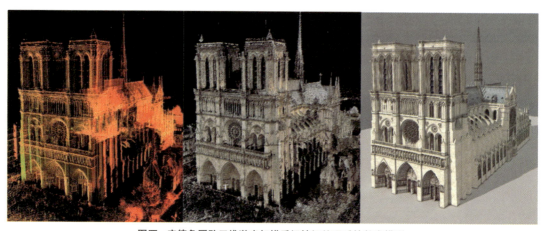

图四　安德鲁团队三维激光扫描后经精细处理后的数字模型

足够的耐心能够将这些专业知识变成电子游戏、影视作品、文学故事对民众进行普及，这不正是多年以来我们想要培养的文化自信、想要大力弘扬的中华传统文明吗？从这点来看，文物信息数字化的参与甚至于保护工作与新媒体的深度结合，其带来的社会价值和影响效应不可估量。

文物数字化是时代的技术，是这个时期的文物档案，也是文物保护与展示传播的时代技术，这种技术的加入是文物保护与活化利用的趋势。但是我们也该清醒地认识到它也不是万能的，传统与现代数字的结合才能达到更好的效果。

（作者单位：北京市古代建筑研究所、北京联合大学、北京计算中心）

真挚的感情，意趣的绘画

——品赏周汝廉先生绘画记

高增志

一次偶然机会，我从朋友处得到两本精美画集，题曰《周汝廉美术作品集·老北京》和《周汝廉美术作品集·焦墨水彩（粉）》，前本是"老北京"的民俗风情组画集，后本是绘画写生作品集。

周先生的画作，我曾多次欣赏，每次都会使我赞叹不已，产生好、妙、美的感触。观看周老的画作，我甚感先生的艺术阅历宽广，底子厚实，绘画能力很强。以我冒昧所见，先生可说是找到了施展自己才华的艺术范畴——民俗风情画种。先生堪称风俗画大家。

欣赏先生画作，我有两方面感受：其一，画中有诗意诗趣，诗情画意，绘声绘色跃然于画面的墨中纸端，寓意丰富，意境深远，耐人寻味。其二，作品的绘画面貌多姿多彩，画面优美，气韵生动，耐看。

先生绘画的具体特长特点有如下方面：

一、画中有情，情景交融，意蕴深长

先生画作有情，又多情且动情。画面情趣多样，意蕴丰富突出。

《濠濮间》一画（图一），以满目绿荫映翠、郁郁葱葱的景象，清风拂动、万木摇曳的动感，描绘出九曲石桥似游龙、天光明媚透苍松、风荷飘逸映光彩的气氛，烘托着园林中古建的壮丽华容。画面以动与静的情景相呼应，光与色的照应相映辉，用真情实感表达了濠濮间园林的自然优美风光，传递了清幽佳境满生机的意趣风采。画中之情丰富浪漫，充分反映了作者作画能触景生情、以景述情、以情达意的绘画意念和情景交融、情意会通的绘画美趣。作品表达了作者作画重情写意的绘画特点。

图一 濠濮间

作者的绘画描写、赋予意境的绘画表现，具有动人的极大魅力。例如，《漓江小三峡》（放舟）一画，作者于崇山峻岭、满目陡峭的青山峡谷之间，水天一色、雾霭缥缈的景致里，画有一叶小舟顺急流而去，令人顿生"轻舟已过万重山，千里江陵一日还……"的感受。画面清爽宜人，使人舒心开怀。

作者在不同的画幅中，亦能表现出截然不同的画面意境。例如《四川鬼城》就是一幅别具意境的画作。作者在平常的景象中，表现了不寻常（奇异）的绘画意境。该画以狂风大作的场面，描绘出山崖上树木剧烈翻伏、摇摆，上山的石阶曲径歪斜，层累重叠趋向远方（画面上方）一处深远的庙宇，其庙的门楣不正，大门敞开，门扇犹似晃动，此等诸多情景情势，使整个画面犹如在地动山摇中出现诸多幻象一般，产生出画面神秘莫测的意念景象，这正与"鬼城"一画的寓意一拍即合，使人思绪不断，猜疑丛生，画面情景意味深长，耐人寻思。

另外，还有《掏粪人》一画，画面上一位身着短袖旗袍、形态娇美的女士背影，她绕着粪车，掩鼻扭腰甩臂匆匆而过，同时，掏粪年青人憨厚地回头，漠然一望。这一景象（画面人物的神态互动）隐射出一幕有趣的情境，既展示了世间的人之常情（回避异味），又揭示了人间世态炎凉、幽默人生的事理情境，令人思索不断。与这幅画同类但意境有别的画是《卖半空》，它描绘着在漫天大雪纷飞的时空里，一个巡街走巷的小生意人，经过一处寂静门道间吆喝着"卖半空"，其感凄凉，折射出过去穷苦百姓的疾苦生活，使人心绪翻翻，心情久久不得平静。

综上所述，作者的情景融合绘画的意境，情趣丰富多样，寓意深远，趣味深长。如是之作在先生的作品中历历在目，张张可赞美，幅幅可评说。

二、绘画朴实，造型逼真，有大作风范

作品是作者对所画对象（现实生活）真情实感的具体反映，也是画家艺术风格与绘画精神的自我写照。

作者以饱满的绘画激情、忠诚的写实精神谱写了大自然中名山秀水的壮丽景象，诸如描绘了江南有特色的古镇老街民居村舍和民族小屋的生活情景，传递了他们现今欢歌笑语的情态和古往今来的情景风貌，出神入化地表达了世间万物（万象）的生命活力和美丽佳容，令人如临其境，如见其貌般地与画家同呼吸共感受。

在画家笔下，以纯朴的单色（光影）素描真实地反映了湘西古镇老街的古朴相貌。所绘民居的长街深巷（矮寨镇、凤凰城写生）、高墙窄道（王村写生）景象深沉，取景新颖巧妙，构图富于气势，场景极富自然深邃的空间感，画面可见往昔店面的兴旺，高屋之雄峻余容，甚感历经沧桑岁月之痕迹。屋舍造形深刻真切，画面墨韵生动滋润，色调清新，素雅和谐。

在反映湖北秭归县民居作品中，以白描（单线勾勒）的绘画技巧，运用点线笔触的刚柔、粗细、曲折疏密变化的块面关系，描绘了物象的优美造形，表达了树木村舍在光影辉映中的自然风貌。构图饱满完整，画面生活气息浓郁，绘画形象生动，情趣盎然。

在描绘大自然名山秀水的作品中，所绘崇山峻岭、云海苍松、峡谷瀑布、深山密林、江河码头、山崖村庄等写生景象，取材于现实自然的朴素景况，反映出内容丰富、情节壮观的优美风光。画面景象情深景秀，形象多姿多彩，绘画意趣各有特色，其中不乏造形逼真、形象优美、主题深刻、画面气势磅礴之佳作，如《金鞭溪写生》《张家界写生》。以及雁荡山、峨眉山写生等作品，描绘山林深处有人家、寂静山林路漫漫的深沉意境，林间路径隐现出没（内涵深藏）的绘画作品，以及山

花烂漫、瀑布流声、云海苍茫、雾霭缥缈、峡谷激流、码头繁忙等许多内容浪漫、风采耀目的画作，不胜枚举。在现实的平凡题材中，表现了丰富的生活情境。画面寓意深远，实属难能可贵。

在作者的许多画作中，画面的绘画中心（重要的绘画部位，或有寓意的绘画形象或细节）表现得含蓄而分明，如《雁荡山写生》一画，画面表达了深秋黄叶、山高路遥、远眺有望瀑亭的情境，在《丁香河峪》中隐现的栈道，以及表现九曲栈道的《乐山（写生）》等画作。这些绘画里，有关绘画中心的处理十分含蓄有趣，很能引人入胜，耐人寻思回味。

在老北京组画中，以老北京特有的街区（前门、大栅栏、国子监、白塔寺等名胜环境）和北京特色胡同景象（不同胡同内景和胡同相连的街头巷尾，四合院内和特色宅门、垂花门等）为背景，真实地反映了老北京往日的民俗生活和风情往事（特别展现了胡同里多样走街串巷的小买卖和民众的生活情景），对老北京平民百姓的风土人情和习俗生活情真意切的形象化反映，京韵味十足，每幅组画都有诗情化的意境，整套组画如史诗般，作品具有较高的文献和史料价值。

老北京组画的人物造形表现得真实生动，民众生活情景描绘得深入细致。绘画构图简洁明快。作品制作精致，画面描写具有工而不呆、细而不碎、实而不繁、描写有序的绘画特点。在绘画中，如房上的枯黄蒿草、房瓦间的残雪等形象，都描写得细致真切，胡同路旁和墙根的积雪、脱落的墙皮及裸露的砖坯模样，无不入微刻画。它们的细腻描写不但不失（不破坏）物象整体形象之美，且更使物象表现得尤为真实生动，所画"垂花门""旧京旧俗""阜成门""大栅栏""孔庙大殿""提拔"等众多画幅，其对图片的绘画处理，都不失绘画表现的韵律规范（整体统一）规则。另外，这些画幅对主题意境都能赋予有创意的绘画表现（如对画面

气氛的营造和对有历史意义的人物景象描写均能赋予鲜明的反映与表现），一些画面的细微描绘（如画中的门楣装饰，砖雕花纹，瓦当纹理的反映描写）既保持了原有图片的优美动人面貌，又使人感到绘画处理（对原有景象的如实反映上）真实生动。把图像的原有物象形态，转化为艺术形象（绘画造形）的表现之中（呈现为画面美的绘画形象）。

作者的所有绘画作品（写生与组画之作）画面尺寸都不大，基本如册页斗方尺寸一样。作品虽不是大幅巨作，但作品的艺术质量（美的绘画形象及造形效果）、绘画深度（造形和主题表现的深刻程度）及作者严谨的绘画作风在作品中展现的艺术精神（深入细致，整体概括），均不失大作的绘画风范。

先生的作品（不论写生还是组画）绘画构思缜密（不论是写生取景立意还是组画设计构思），构图完整饱满（不论是对简单的题材处理，还是对复杂的取材构图），绘画表现深刻（在主题和写生对象的描绘上），造形逼真、细腻、生动。作者的绘画实践和成果，都体现了严肃的写实精神和真实表现的绘画作风，践行了"尽精微而致广大"（深入描写，整体概括）的绘画精神与表现原则。先生的作品具有真实秀美的艺术品格和绘画风貌。

三、融会中西画法，写实写意并重，有国画法为本、西画法为用的绘画特色

先生作品的绘画题材（山水风景写生和民俗生活组画）的门类内容广泛。绘画体裁（焦墨、水彩水粉与组画）类别形式多样。绘画技法兼融中西画法，写实写意并重。有在写实绘画中取意（赋予意趣表现）和在写意绘画中求实（具有真实描写）的绘画特色。

观先生画作，基本格调是中国画风貌，但其绘画技法中却渗透着明显的西画

因素，例如国画构图（布局）就有西画法取景构图的明显特点，采用西画的焦点透视，取物象空间形体的状貌及其透视角度（视觉状态）进行构图，这种西画写生的取景布局（构图）格式，在先生的绘画作品（焦墨写生）中均有显著的反映。

再如，国画作品的绘画造形，既有西画法描写物象的写实效果（立体空间感），又有中国画笔墨技法的写意表现。用中国画的勾勒线条、皴擦明暗、墨与色的融合渲染等技法技巧去表现空间物体的真实形象。这种绘画表现在先生的焦墨写生（单色和彩色）作品中也都是明显突出的。

另外，在先生作品的绘画表现各方面，比如在焦墨写生和"老北京"组画中，对色彩光影的表达、空间环境的描绘及画面虚实关系、绘画气氛的表现各方面，都有中西画法合璧应用的绘画效果和技法反映。

老北京组画的构图和绘画造形，同样具有中西画法相结合的特点。例如，组画中《大酒缸》和《铜特》两幅画，前者是国画写意的绘画表现比较突出，后者是西画写实的绘画表现比较明显，但两者均体现了中西画法的结合。

《大酒缸》一画构图具有写实的思路、写意的表现和真实的绘画效果。画面有国画意味的色彩表现，呈现着墨与色相融合，并有重点傅色，突出红与黑相对照的绘画效果。色调艳丽优雅、浓重浑厚。构图效果均衡整齐，具有国画意味的装饰布局效果，其中反映

着线面结合的表现及西画写实的空间感和立体造形（富有明暗表现），画面平和稳定而又生动活泼。

《铜特》一画构图写实效果突出（图二）。该画人物景象造形立体，空间感显著。画面光影效果整体真实，富于国画墨色融合的浓淡色调，庄严朴实、素雅柔和，与作品主题肃穆情调相和谐，是中西画法巧妙结合，写实效果比较突出的作品。

老北京组画在留取画面空白与空间表现方面，中西画法相结合的绘画表现尤为突出。这是组画作品的一大亮点。

运用国画布局留取画面空白和西画写实物象（画面的透视形象）相结合，取得画面空间表现的意象（意境）效果（显示出空白环境的空间感）。这种意境效果的空间感是组画写意表现的绘画效果。它在组画作品中有着明显的突出反映。

例如《卖荷叶和莲籽的》，画面背景一片空白，只画有五个人的行走活动，但此画的画面人物被处理在中景环境的透视空间中行动。人们行走的方向又有正背的不同变化。其中有老夫妇二人画为背影，被画在卖荷叶人（面向观众）身后稍远处（画面的一个部位），似向画里走去，明显地展现了画面的深度空间感。画面在茫茫的天地空白背景中，人们行走的透

图二 铜特

视关系显现了画面有多样层次（深度）变化的空间感。再如，《冬季卖萝卜》一画是一幅空间意念形象感（空间意境形象感）丰富，但又充满视觉空间感的图画。该画画面（空白背景和写实物象）的虚实相生（对比）效果，使画面空白背景的空间感格外分明，对画面的写实物象（人、景、物象）的采用透视技法，使人更觉清晰动人。

又如《窖冰》一画。大面积的空白画面（天地空白），鲜明地突出了画面人物的劳动场面和几块清冷质感的冰块物体，并通过画面底色（淡淡的冷灰色）展现了天地一色、茫茫无际的长空意境和冰河无垠的空间，使人感到画面人物像在无际的冰河上劳作，也好像在无边的河岸上或河滩中劳动，显现（感觉）出多样的意境场面，令人感受颇多，想象不尽。

另外，在《品尝鼻烟》一画中，大面积的空白背景，只有一棵歪脖树作陪衬，主体人物二人神态生动，互相传神，情景默契。配景树木是枯萎而后勃发的一棵枝繁叶茂的树，它与画面人物表情相呼应，情境协调，耐人寻味，此画情调幽默诙谐，其情趣意境，尽在鲜明的空白背景中得到清晰的展现。

组画的虚实相生效果具有多方面的绘画表现力。在组画作品中有关云雾缥缈的效果，薄云笼日的气氛，山林光影的虚实变化，大气空间的虚虚实实现象，物象远近形象若隐若现的状态等，都有空白画面和写实物象间的虚实相生（对比呼应）反映。虚实相生效果（内涵为对比呼应关系），在绘画中具有神奇美妙的表现力和灵气。画家运用了这种绘画表现手段，在许多作品中取得了生动的绘画效果。

组画作品在光影色彩的绘画表现方面，运用西画写实的光影效果和国画单纯用色（取光影下的物象常态色）相结合，表达物象色彩的真实相貌和单纯美，体现国画清新典雅的优美情调，在组画中也甚为突出。

组画的光影效果丰富多彩，写实状态十分突出，但在所有光影效果的画幅中，均渗透着国画意味的以墨韵浓淡调子为重（明暗变化为主），用单纯色彩（写意用色）以取清新典雅效果为度的绘画特点。这种光色意味的绘画表现，在组画各类光照状态（柔和或强烈光线）的画幅中，以及在不同时刻（早、午、晚时分）不同时令（春、夏、秋、冬季）和不同情境（晨光清明、午照光辉、逆光静谧、夕阳媚丽等）作品的表现中都有突出的反映。

作者的全部画作，都浸润着中西绘画的融合精神，透露着绘画写实与写意的巧妙结合，表达着色彩清新秀雅的绘画特色。画面美趣丰盛，作品从多个角度都可品赏，值得深入玩味。

这两卷画册是先生艺术的结晶、精品的展示。它们的纯美绘画语言，造就了先生的累累盛果。绘画是传递艺术的平台，作品是画友交流的纽带，它们带给大家以知识，给人们以精神享受，让人们得到身临其境的情感快乐，为此，我谨以此文向先生学习，向周老深表敬意。

（作者单位：西北师范大学美术学院）